공부 1등 하는

20가지 원칙!

KB019026

브라운힐
BrownHillPub

여러분의 꿈은 무엇인가요?

인간의 생명을 구하는 의사, 정의를 지키는 검사나 변호사, 미래를 개척해 나가는 과학자, 미지의 세계를 탐험하는 탐험가, 사람들에게 즐거움을 주는 연예인…….

모두 소중하고 아름다운 꿈을 가지고 있을 거예요. 그리고 여러분이 지닌 꿈의 공통점은 아마 멋진 사람이 되는 거겠지요.

멋진 사람은 하루아침에 이루어지는 게 아닙니다. 어려서부터 차근차근 준비를 해야 합니다. 여러분이 알고 있는 멋진 사람들은 대부분 어렸을 때 우등생이었습니다. 여기서 말하는 우등생은 공부 잘하는, 전교에서 일이등을 다투는 그런 사람만을 말하는 것이 아닙니다. 바른 생각을 가지고 건강한 생활을 하며 뭐든 열심히 하는, 한 마디로 말해서 똑 부러지는 사람들이죠.

이 책은 우등생이 되는 데 도움이 되는 원칙에 대한 이야기입니다. 우등생이 되기 위해 지녀야 할 습관과 마음가짐에 대해 설명했습니다. 우리 주위에서 흔히 일어날 수 있는 이야기들을 재미있게 엮었으니 공감할 수 있을 거예요. 그리고 여러분이 존경하는 위인들의 이야기도 함께 했습니다. 위인들이 어떤 생활을 하고 어떤 마음가짐을 가지고 우등생이 되었는지 알 수 있을 겁니다.

어쩌면 뻔한 이야기가 될 수도 있겠지만, 잘 생각해 보세요. 정말 자신이 그런 뻔한 이야기를 잘 지키고 실천해 나가고 있는지 말이에요. 만약 부족한 점이 있다면 이 기회에 몸에 익히고 마음에 익히도록 하세요.

여러분 모두 멋진 우등생이 되길 바랍니다!

글쓴이 **해바라기**

차례

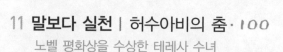

01 책을 많이 읽는다

책 속에 길이 있나니!

"작은엄마, 저 왔어요. 재욱아!"

"윤영아, 어서 와."

엄마가 반갑게 윤영이 누나를 맞이합니다. 윤영이 누나는 올해 대학에 입학한 재욱이의 사촌입니다. 어렸을 때부터 멋진 의사가 되고 싶어하더니 정말 의대에 떡 하니 합격했습니다.

"으~ 죽었다!"

재욱이는 누나가 온다는 말에 계속 풀이 죽어 있었습니다. 공부 잘하는 사촌 누나를 보기만 하면 엄마의 잔소리가 시작되기 때문입니다. 예상대로 누나가 소파에 앉자마자 엄마는 누나 손을 붙들고 무슨 하소연을 하듯이 말했습니다.

"애, 윤영아. 재욱이 좀 붙들고 공부 좀 시켜라. 어쩌면 저렇게 공부를 안 하니. 에휴~, 너 반만 닮았어도 내가 걱정이 없겠다. 아주 저 녀석만 생각하면 잠이 안 와, 잠이."

재욱이는 무슨 죄라도 지은 사람마냥 고개를 푹 숙이고 앉아 있었습니다. 누나는 그저 빙긋이 웃을 뿐입니다. 순간 엄마는 무슨 좋은 생각이 났는지 두 손을 마주치고는 이렇게 말했습니다.

"맞다! 윤영이 너 방학이지? 며칠 우리 집에 묵으면서 재욱이 과외 좀 해 줘라, 응? 작은엄마가 이렇게 부탁할게."

쿵! 이게 무슨 말입니까? 과외라니오. 재욱이는 속으로 제발 누나가 바쁘다고 거절하기만을 빌었습니다. 그러나 누나는 계속 미소를 지은 채 대답했습니다.

"그러죠, 뭐. 한 일 주일 시간 있는데 재욱이랑 놀다 갈게요."

'으~ 일 주일씩이나…….'

재욱이는 두 눈을 질끈 감았습니다.

저녁을 먹고 재욱이는 텔레비전 앞에 앉았습니다. 그러나 곧 엄마의 호통이 재욱이의 뒤통수를 내리쳤습니다.

"이 녀석! 또 텔레비전이야? 들어가서 공부 좀 해라."

"네, 네……."

재욱이는 비실거리며 일어나 방으로 들어갔습니다. 재욱이 방에서는 누나가 벽에 기대어 앉아 책을 읽고 있었습니다. 재욱이는 슬금슬금 책상에 앉아 문제집을 폈습니다. 하지만 문제집을 펴면 뭐해요. 하얀 종이에 오색 찬란한 글자가 기어가고 있을 뿐입니다.

재욱이가 슬쩍 누나를 보니, 누나는 아까부터 무슨 책인지 아주 열심히 읽고 있습니다.

'무슨 사람이 계속 책만 보냐. 하긴, 의사 선생님이 되려면 어려운 책도 많이 읽어야겠지…….'

재욱이는 한숨을 폭 쉬고 괜히 문제집만 뒤적였습니다.

이튿날, 재욱이는 학원에서 힘없이 돌아왔습니다. 다른 친구들은 새로운 게임을 하러 갔는데 재욱이 혼자 빠져야 했기 때문이지요. 엄마의 말이 귓가에 울렸습니다.

"너, 딴 데로 샐 생각하지 말고 곧바로 집으로 와. 윤영이 누나가 기다릴 거야."

재욱이는 한숨을 푹 쉬고 현관문을 열었습니다. 마루에서 윤영이 누나가 책을 읽고 있었습니다. 엄마는 시장에 갔는지 보이지 않습니다. 물 한 잔을 마신 재욱이가 누나에게 다가가 물었습니다.

"누나, 또 책이야?"

"응, 죽 읽던 거라 손에서 놓기가 그러네."

"우리 집에 놀러 왔다면서 어제 저녁부터 계속 책만 보고. 누나는 책 읽는 게 그렇게 좋아? 따분하지 않아? 하긴, 누나처럼 공부 잘하는 사람은 뭐가 달라도 다르겠지."

재욱이 말에 누나는 책을 놓고 물었습니다.

"재욱이 너는 책 읽는 거 싫어하니?"

"당연하지! 난 책만 펴면 졸려. 교과서 보는 것도 지겨운데 또 책을 읽어? 책은 지루해."

재욱이는 도리질을 했습니다.

"그러면 만화책도 안 봐?"

"만화책은 얘기가 다르지. 하지만 보면 엄마한테 혼나."

"난 공부 시작하기 전에 만화책을 보면 집중이 잘 되던데."

누나 말에 재욱이는 두 눈이 동그래졌습니다.

"누나가 만화책을 본다고? 소설책이나 의학 서적이나 그런 어려운 책이 아니구?"

"만화책은 책 아니니? 책 읽는 습관을 들이는 데는 만화책도 괜찮아. 물론 질이 낮은 책은 피해야겠지만 말이야. 나는 꼭 어려운 책만 읽어야 한다고는 생각하지 않아. 내 전공에 관한 책도 많이 읽지만, 소설이나 역사책, 시집, 때로는 동화책이나 만화책도 봐. 동화책이나 만화책에서도 얻는 게 있다, 너."

친척들 사이에서 윤영이 누나는 거의 천재에 신동입니다. 초등학교 때부터 죽 우등생이라고 했기 때문에, 재욱이는 누나가 매일 하루 종일 책상에 앉아 학교 공부만 하는 줄 알았습니다. 그런데 책을, 게다가 만화책까지 읽으리라고는 상상조차 하지 못했습니다. 누나는 계속 말을 이었습니다.

"교과서만 달달 외워서 백 점 맞고 일등하면 뭐 하니. 그건 시험이 아니라 암기 대회지. 그렇게 한 공부는 나중에도 도움이 안 돼. 진짜는 이 책에 있다구. 내가 의사의 꿈을 가지게 된 것도 책을 읽으면서부터야. 그리고 훌륭한 의사가 되기 위해 여전히 책을 읽는 거구."

누나는 한 손으로 책을 들어 보였습니다.

"어렸을 때부터 책 읽는 습관을 들인 게 공부에 많이 도움이 된 것 같아. 책을 읽으면 말이야, 이해력도 높아지고 표현력도 높아져. 그리고 아는 것도 많아지니까 자연히 학교 공부하고도 연관되고. 중학교 때까지는 학교 공부보다 오히려 책 읽는 시간이 더 많았어. 고등학교 때도 한 달에 한 권씩은 꼭 읽었지. 요즘은 만화책으로 나온 학습서며 위인전도 많더라. 그런 것부터 읽기 시작해 봐. 그러면 다른 것도 술술 읽힐 거야."

책 읽는 게 좋다는 건 재욱이도 선생님과 엄마한테 귀에 딱지가 앉도록 들었습니다. 그래서 몇 번 무작정 동화책을 들고 책 읽는 습관을 들이려고 애써 봤지만 잘 되지 않았어요.

재미없고 지루하고 시간도 잘 가지 않았습니다. 하지만 만화책부터 읽는 습관을 들이면 할 수 있다는 말에 까짓것 어렵지 않겠다고 생각했습니다.

하지만 시간이 문제입니다. '한번 읽어 볼까.' 하고 도서관에서 빌려 온 책을 시간이 없어서 그냥 반납한 적도 있었습니다.

"책을 많이 읽으면 좋은 걸 누가 모르나. 나도 읽고는 싶지만 숙제하고 학원 다니고 그러면 책 읽을 틈이 없어."

재욱이가 변명하듯이 투덜대자 누나는 읽던 책을 다시 펴면서 말했습니다.

"책은 작정하고 읽으려고 하면 오히려 더 안 읽혀. 그냥 짬짬이 시간 나는 대로 읽는 거야. 게임할 시간을 반만 줄이고 책을 읽거나, 텔레비전 보기보다는 짧은 동화 한 편 읽는 게 어때? 자투리 시간을 모으면 책 한 권쯤 읽는 건 문제가 아니라구. 나는 오며가며 전철에서 책을 많이 읽거든. 특히 화장실에서 큰일 볼 때는 유독 집중이 잘 된다."

"그래? 그러면 나도 틈틈이 짬 내서 읽어 볼래. 우선……."

뿌웅~. 재욱이 얼굴이 빨개지더니 방귀소리가 요란하게 났습니다.

"큭큭, 화장실에서부터 말이야."

"으윽, 냄새."

누나가 얼굴을 찡그리고 코를 쥐자 재욱이가 얼른 동화 책 한 권을 손에 들고 화장실로 뛰어들어갔습니다.

병석에 누워서도 책을 읽은 세종 대왕

1397~1450 조선 제4대 왕

태종의 셋째 아들 충녕대군은 어려서부터 책읽기를 좋아했습니다. 한번은 병이 나서 자리에 눕게 되었는데, 아파서 끙끙대면서도 충녕대군은 머리맡에 책을 가져다놓고 읽었습니다. 그 모습을 본 태종은 불같이 화를 냈습니다.

"아니, 아프다면서 웬 책이냐!"

"아바마마, 책을 많이 읽어야 어질고 지혜로운 사람이 되는 것이 아닙니까? 소자는 하루도 책 읽기를 게을리할 수 없습니다."

"하지만 병을 앓고 있으면서까지 책을 읽는다면 어떻게 건강해질 수 있겠느냐."

태종은 충녕대군의 말은 무시하고 신하에게 명령했습니다.

"여봐라, 이 방에 있는 책을 모두 다른 방으로 옮겨라!"

책을 모두 빼앗긴 충녕대군은 엎드려서 책 읽는 시늉을 하며 하루하루를 보냈습니다.

그러던 어느 날, 충녕대군은 병풍 뒤에 책 한 권이 떨어져 있는 것을 발견했습니다. 태종의 명령을 받은 신하가 책을 치우다가 빠뜨린 것이었습니다.

"이야, 이게 웬 책이야!"

충녕대군은 뛸 듯이 기뻐하며 책을 펼쳤습니다. 〈구소수간〉이라는 책으로, 송나라 학자 구양수와 소식이 주고받은 편지를 엮은 것입니다.

충녕대군은 이불 속에 숨어서 그 책을 읽고 또 읽었습니다. 뜻을 헤아리면서 백 번을 읽었다고 합니다.

그렇게 책을 좋아한 충녕대군이 바로 세종 대왕입니다. 어려서 책을 많이 읽어 두루두루 여러 방면에 관심과 지혜가 많았던 세종 대왕은 많은 업적을 남겼습니다.

집현전을 두어 학자를 양성하고 국방에도 힘써 압록강과 두만강에 이르는 국경선을 이루었습니다. 그리고 신분을 가리지 않고 숨은 인재를 찾아 해시계와 물시계, 측우기를 발명하게 하고 활자를 만들어 인쇄술을 발달시켰습니다. 음악에도 관심이 많아 박연에게 아악을 정리하게 하였습니다. 그리고 무엇보다 세계적으로 과학적이고 아름다운 한글을 창제하였습니다.

책 한 권을 읽으면 단순히 이야기 하나를 얻는 것으로 끝나는 게 아닙니다. 책을 읽으면 이해력도 길러지고, 표현력도 길러지게 되며 또한 여러 방면에 많은 지식을 얻게 됩니다. 또한 자신도 모르는 사이에 재산이 쌓여갑니다. 언제까지나 줄지도 사라지지도 않는 재산 말이지요.

오락은 지긋지긋해!

"학교 다녀… 어?"

진기가 대문을 밀고 들어오니 집 안이 조용합니다. 가방을 마루에 아무렇게나 팽개친 진기는 컴퓨터를 켰습니다.

"학원에 세 시까지만 가면 되니까, 딱 한 시간만 해야지."

진기는 요즘 한창 유행인 오락 '바람의 나라'에 빠져들었습니다.

진기는 오락이라면 사족을 못씁니다. 엄마께 야단도 많이 맞고, 안 하겠다고 맹세도 했지만 늘 그때뿐입니다.

한참 오락을 하고 있는데 대문 여는 소리가 들렸습니다. 진기는 후다닥 컴퓨터를 끄고 일어섰습니다. 한 시간만 하려던 것이 벌써 다섯 시입니다.

"아들! 학원 갔다 벌써 왔어?"

엄마는 시장 바구니를 내려놓으며 말씀하셨습니다.

"어? 아아… 선생님이 안 오셨어요."

진기는 아무렇지도 않게 거짓말을 했습니다.

저녁을 먹고 막 숟가락을 놓는데 전화가 왔습니다. 전화를 받는 엄마의 얼굴이 울그락불그락해졌습니다.

"김진기! 너, 학원 안 갔지?"

진기는 아무 말도 못하고 고개를 숙였습니다.

"너, 또 오락 때문에 학원 빼먹었지? 한 번만 더 오락했다간 컴퓨터 팔아 버릴 줄 알아!"

밤이 되었습니다. 진기는 자려고 해도 잠이 오지 않았습니다. 눈을 감으면 '바람의 나라'가 환히 펼쳐집니다. 잠깐 망설이던 진기는 살짝 컴퓨터를 켰습니다. 얼마 한 것 같지 않은데 엉덩이도 저리고, 눈도 시큼시큼했습니다.

"오락을 너무 많이 했나? 아이고, 눈이야, 궁뎅이야. 이제 슬슬 자 볼까?"

진기가 중얼거리며 컴퓨터를 끄려는데, 방문이 벌컥 열렸습니다.

"김진기! 너 지금 제정신이니?"

엄마가 소리지르는 바람에 화들짝 놀라 일어난 진기는 시계를 봤습니다. 아침 6시 15분입니다.

"너, 밤 꼴딱 새운 거야? 기가 차서 말이 안 나온다. 당장 종아리 걷어!"

진기는 종아리에 시뻘건 줄이 쫙쫙 간 채, 아침도 먹는 둥 마는 둥 하고 학교에 갔습니다. 진기가 학교에 간 사이, 옆집 미영이 엄마가 부업거리를 들고 왔습니다.

"미영이는 여자애니까 오락 안 하지? 우리 진기는 오락 때문에 숙제도 안 하고, 밤 새고 맨날 지각이야."

"안 하긴 왜 안 해? 우리 미영이도 아주 오락에 푹 빠졌어."

미영이 엄마가 상자를 접으며 말씀하셨습니다.

"진기 엄마, 이렇게 해 보면 어떨까? 내 며칠 전에 신문에서 읽었는데……."

미영이 엄마는 뭐라고 한참 얘기했습니다.

학교 끝나고 PC방에서 시간을 때운 진기는 어둑어둑해져서야 집에 들어왔습니다. 대문 앞에서 어슬렁거리면서 분위기를 살피고 있는데 누군가가 머리를 탁 쳤습니다.

"어느 자식이야?"

진기가 획 돌아보니 아빠가 서 계셨습니다.

"진기 너 왜 이제 들어와?"

그 때 엄마가 내다보셨습니다.

"당신 왔어요? 어, 진기도 왔네? 오락하느라고 힘들었지?"

엄마는 생글생글 웃으며 말씀하셨습니다.

진기는 어리둥절했습니다.

'엄마가 뭘 잘못 드셨나?'

눈치를 슬슬 보며 저녁을 먹는데, 엄마가 말씀하셨습니다.

"진기야, 얼른 먹고 들어가 오락해."

"네?"

진기는 깜짝 놀랐습니다.

"엄마가 곰곰이 생각해 봤는데, 이제 널 팍팍 밀어 주기로 했다. 왜, 요즘은 게임만 전문으로 하는 직업도 있다며. 그것도 잘만 하면 돈 잘 번다더라. 꼭 공부만 하란 법 있니? 그러니까 앞으로는 너 좋아하는 오락, 열심히 해라. 당신도 애 오락한다고 야단치지 마세요. 알았죠?"

16

"좋다. 내 팍팍 밀어 주지. 아들 덕에 돈방석에 좀 앉아 보자."

옆에 계시던 아빠도 한 마디 거들었습니다.

방에 들어온 진기는 뭐가 뭔지 어리둥절해서 컴퓨터도 켜지 않고 멍하니 앉아 있었습니다.

조금 있다가 엄마가 과일을 깎아 가지고 들어왔습니다.

"아니, 왜 아직 컴퓨터도 안 켜고 이러고 있어? 자, 과일 먹어가면서 해라."

그 날 처음으로 진기는 눈치 안 보고 새벽까지 오락을 했습니다. 학교 숙제는 엄마가 다 가르쳐 주셔서 이십 분 만에 끝냈습니다.

다음 날, 햇볕에 눈이 부셔 일어나 보니 열 시가 넘었습니다.

"어? 어떡해, 어떡해. 엄마, 엄마!"

엄마가 깜짝 놀라 뛰어오셨습니다.

"왜? 무슨 일 있어?"

"무슨 일 있냐고요? 엄마, 학교에 왕창 늦었잖아."

"난 또, 무슨 큰일이라도 난 줄 알았네. 뭐 그깟것 갖고 그러니? 엄마가 너 아프다고 전화해 줄게."

엄마는 하던 걸레질을 계속하셨습니다.

'진짜 우리 엄마 맞아? 무슨 엄마가 저래?'

진기는 엄마가 쉬라는데도 부득부득 학교로 뛰어갔습니다.

"학교 끝나면 한눈팔지 말고 곧장 와. 오락하게!"

엄마는 진기 뒤통수에 대고 소리쳤습니다.

진기 엄마는 학원도 다 그만두게 했습니다. 엄마는 진기를 공부도, 책도, 운동도, 심지어는 잠도 못 자게 들들 볶았습니다.

아빠는 퇴근하실 때면 새로운 게임 CD를 한 장씩 사 가지고 오셨습니다. 이제 진기는 학교에서도 유명해졌습니다.

"야, 너는 정말 좋겠다. 너네 엄마랑 우리 엄마랑 바꾸자."

친구들은 진기가 부러워서 어쩔 줄 몰랐습니다.

"말도 마. 어제는 자려고 하는데, 귀에서 오락소리가 들려서 혼났어. 너희들도 한번 해 봐. 사람이 할 짓이 못 돼."

진기는 피곤한 얼굴로 말했습니다.

"엄살 떨지 마, 임마. 네가 오락이 싫다고? 지나가던 개가 웃겠다."

친구들이 믿건 말건, 진기는 점점 오락이 싫어졌습니다. 아니, 끔찍해졌습니다.

하도 자판을 두드려서 손가락이며 손목도 쑤시고, 앉아만 있으니 소화도 안 되었습니다. 컴퓨터만 들여다봐서 그런지 머리도 지끈지끈 아팠습니다. 무엇보다 엄마의 잔소리가 가장 듣기 싫었습니다.

"숙제 대충하고 오락해라."

"나가 놀지 말고 오락해라."

얼마나 오락, 오락 하는지 귀에 못이 박힐 지경이었습니다.

진기는 오락하는 시간을 줄이려고 거짓말을 했습니다. 없는 숙제도 있다고 하고, 학교에서 청소도 자청해서 했습니다. 밥도 일부러 천천히 먹었습니다. 하지만

그것도 한계가 있었습니다. 진기는 저녁을 먹고 나서, 엄마 아빠에게 사정했습니다.

"엄마, 나 오락에 소질 없는 것 같아요. 옛날처럼 학원 보내 주세요. 뭐든 다 할 테니까 제발 오락하란 얘기만 하지 말아 주세요."

아빠, 엄마는 심각하게 진기를 보시더니,

"네 뜻이 그렇다면 하는 수 없지. 대신, 네가 뭘 할 건지 계획표를 짜 와라. 네가 스스로 시간 계획을 세워 봐."

하고 말씀하셨습니다.

그 날 밤 진기는 오랜만에 오락을 안 했습니다. 진기는 종이에 꼼꼼하게 생활 계획표를 그렸습니다.

그 동안 오락하느라 못한, 하고 싶은 게 너무 많았습니다. 미술 학원 가기, 축구 하기, 책읽기 등등.

계획표를 짠 진기는 시계를 봤습니다. 7시였습니다.

"에헴, 이젠 숙제를 해 보실까?"

마루에서 진기를 들여다보던 엄마는 신바람이 나서 미영 엄마에게 전화를 했습니다.

"여보세요? 나 진기 엄만데, 미영 엄마가 가르쳐 준 대로 했더니, 대성공이야, 성공! 미영 엄마도 꼭 해 봐."

한 달이 지났습니다. 진기는 몰라보게 달라졌습니다. 규칙적인 생활을 하니 몸도 한결 건강해지고, 할 일을 알아서 하니 공부에 재미를 붙였고요.

여름 방학을 앞두고 치른 학기말 고사에서 진기는 10등을 했습니다. 별달리 공부를 하지도 않았는데 10등 정도 오른 것입니다. 선생님도, 친구들도 모두 깜짝 놀랐습니다. 쉬는 시간이 되자 친구들이 진기 자리로 몰려왔습니다.

"야, 너 무슨 특별 과외라도 받냐? 비결이 뭐야?"

"비결은 무슨. 날마다 열심히 하는 거지 뭐."

진기는 머리를 긁적이며 씩 웃었습니다.

인간 시계 철학자 칸트

1724~1804 독일의 철학자

근대 철학의 아버지라 불리는 독일의 철학자 칸트에게는 인간 시계라는 별명이 늘 따라다녔습니다.

칸트가 어렸을 때의 일입니다. 하루는 아버지에게 종이 한 장을 내밀며 말했습니다.

"아버지, 이게 제 생활 계획표예요. 앞으로 이렇게 하려구요."

아버지는 칸트가 내민 종이를 살펴보았습니다. 종이에는 하루 일과가 빼곡하게 적혀 있었습니다. 아침 다섯 시 반에 일어나 가벼운 산책과 함께 시작되는 계획표는 어린 칸트가 지키기에 어려워 보였습니다.

"잘 짜여진 계획표지만 이대로 지키기는 힘들지 않겠니?"

아버지는 조금은 걱정스러운 듯이 칸트에게 말했습니다. 하지만 어린 칸트는 자신있게 말했습니다.

"앞으로 이 계획에 맞춰서 시간을 짜임새있게 쓸 거예요."

칸트의 생각이 대견스러웠던 아버지는 아들의 행동을 가만히 지켜보기로 했습니다. 하루 이틀이 지나고 시간이 흘렀지만 칸트의 계획성있는 생활에는 변함이 없었습니다. 칸트는 짜여진 계획표에 맞춰 조금의 시간도 헛되이 쓰지 않았습니다. 아버지는 그런 아들이 그저 대견스러울 뿐이었습니다.

칸트의 정확한 생활과 시간 관리는 어른이 된 후에도 변하지 않았습니다.

칸트의 이웃에 살던 할아버지는 매일 아침 정해진 시간에 일을 나갔습니다. 그 날 따라 시계가 고장나서 할아버지는 언제 출근을 해야 할지 망설이고 있었습니다. 그 때 창 밖을 보고 있던 할머니가 말했습니다.

"이제 여덟 시예요. 슬슬 나가시면 되겠어요."

할머니는 얼굴에 웃음을 띠며 신이 나서 말을 이었습니다.

"저기 저쪽을 보세요. 칸트 선생이 지나가고 있죠? 칸트 선생이 저만큼 지날 때쯤이면 우리 시계가 여덟 시를 가리키며 땡땡 하고 울렸잖아요."

할머니 말을 듣고서야 할아버지는 고개를 끄덕였습니다.

가끔 시간이 부족할 때가 있습니다. 특히 시험 때 말이에요. 할 수만 있다면 흘러가는 시간을 붙잡고 싶은데 그것은 절대 불가능한 일이지요.

하지만 계획을 세워 시간 관리를 잘한다면 마음만 급해서 허둥대는 일은 없을 겁니다.

03 오답 노트를 만든다

하나를 제대로 알면 열을 얻나니!

"내일 수학 시간에는 이번 수학 경시 대회 준비 쪽지 시험을 보겠다."

아이들은 선생님 말이 끝나자마자 다들 한 소리씩 해댑니다.

"어휴~ 시험 때문에 또 시험을 보다니……."

"경시 대회만 생각해도 머리가 아픈데……."

선생님은 교탁을 탁탁 두드리며 말했습니다.

"조용히 해. 진짜 시험을 잘 보기 위해 테스트하자는 건데 왜 이리 잔소리들이 많아. 너희들, 시험이 그렇게 싫으냐?"

"네!"

아이들은 한 목소리로 소리쳤습니다.

"저는 시험의 '시' 자도 싫어서 시금치도 안 먹는 걸요."

준형이가 외쳤습니다. 그 바람에 교실 안은 웃음바다가 되고 말았습니다. 하지만 명준이는 웃지 않고 어금니를 악다물었습니다.

'좋아, 이번에야말로 동규 코를 납작하게 해 줘야지.'

명준이가 자신도 모르게 두 주먹을 불끈 쥐었습니다.

동규와 명준이는 5학년이 되어서야 같은 반이 되었지만 유치원 때부터 늘 붙어 다니는 단짝 친구입니다. 동규와 달리 명준이는 동규에게 묘한 라이벌 의식을 가지고 있습니다. 어려서부터 엄마가 은근히 자신과 동규를 비교하기 때문에 생긴 것 같습니다. 명준이도 공부를 꽤 열심히 하지만 동규를 이긴 적이 그리 많지 않습니다. 아무리 성적표가 없어졌다고 해도 같은 반이면 훨씬 확실하게 비교될 것이 틀림없습니다.

학교에서 돌아오자마자 명준이는 수학 문제집부터 들었습니다. 간식을 준비하던 엄마가 물었습니다.

"오자마자 씻지도 않고 책상에 앉아? 경시 대회는 다음 주 아니니?"

"맞아요. 근데 내일 중요한 쪽지 시험이 있어서 그래요. 저녁 먹을 때나 부르세요."

"어머, 애 좀 봐. 쪽지 시험이라면서 뭘 그러냐."

엄마는 이상하다는 듯이 명준이를 바라보았습니다.

명준이는 그 날 밤 늦게까지 저녁 식사 시간을 빼고는 수학 쪽지 시험 준비를 했습니다. 교과서의 문제를 풀고 문제집이라는 문제집은 전부 다 풀고 나서야 잠자리에 들었습니다.

"자, 어제 말한 대로 오늘 수학 시간은 쪽지 시험이다. 시험지 받았으면 침착하게 풀도록."

명준이는 선생님 말이 떨어지기 무섭게 한 문제 한 문제 차근차근 풀어나갔습니다.

'앗싸~ 어제 공부한 거 다 나왔다!'

걱정했던 것보다 문제가 쉬워 명준이는 스무 문제를 모두 맞힐 수 있을 것 같았습니다. 그런데 마지막 20번 문제가 헷갈리기 시작했습니다.

'아, 뭐더라. 어제도 헷갈렸던 건데.'

명준이는 머리카락을 쥐어짰습니다.

시간은 점점 흘러가고, 수학 공식은 머리에서 맴돌기만 했습니다. 힐끗 동규를 쳐다보았습니다. 동규도 뭔가 잘 안 풀리는지 얼굴이 잔뜩 일그러져 있습니다.

'저 녀석도 못 푸는 문제가 있나 보군. 에이 모르겠다. 뭐, 이 한 문제 빼고는 다 맞은 거 같으니까 때려 맞히자.'

명준이는 대강 답을 적었습니다.

"자, 시간 됐다. 짝하고 시험지 바꾸고 선생님하고 같이 풀어 보면서 채점하도록 하자."

선생님은 한 문제 한 문제 칠판에 적어가며 풀어 주셨습니다. 선생님이 문제를 풀 때마다 명준이 시험지에 호빵만한 동그라미가 그려졌습니다. 마지막 20번 문제는 걱정했던 대로 틀리고 말았습니다. 하지만 나머지는 모두 맞아 95점입니다.

쉬는 시간에 명준이는 동규에게 슬쩍 물었습니다.

"쪽지 시험, 몇 개 틀렸어?"

"응, 두 개. 하나는 덧셈을 실수해서 틀리고, 하나는 마지막 문제."

"그래? 나도 마지막 문제는 틀렸는데."

명준이는 속상한 표정을 지어 보였지만 속으로는,

'앗싸~ 이겼다!'

하고 쾌재를 불렀습니다.

일 주일 후, 경시 대회 날이 되었습니다. 명준이는 지난 쪽지 시험을 떠올리며 자신만만해했습니다.

'내가 동규보다 한 수 위니까 실수만 안 하면 돼.'

시험지를 받아든 명준이는 차근차근 문제를 풀어갔습니다. 그런데 지난 쪽지 시험 때 틀렸던 문제가 또 나왔습니다.

'아, 이 문제 또 나왔네.'

명준이는 눈살을 찌푸렸습니다.

이번에는 응용 문제까지 전부 두 문제입니다. 떠오르는 공식이란 공식은 다 대입하고, 이리 매치고 저리 매쳐도 도저히 딱 떨어지는 답이 나오지 않았습니다.

수업 시간에 선생님이 풀어 준 것이 머릿속에서 날아다니듯 붕붕거릴 뿐 명확하게 생각나지 않았습니다.

'쪽지 시험 보고 확실히 외워두는 건데… 에이, 나만 틀렸던 것도 아니고 어차피 동규도 틀릴 테니까 찍자. 하늘 땅 별 땅 각개 별 땅!'

그렇게 시험이 끝났습니다.

답을 맞춰 본 명준이는 기분이 좋았습니다. 찍은 두 문제 가운데 한 문제가 맞았거든요. 물론 그 외의 문제들은 다 맞았습니다. 이번에도 한 문제만 틀린 것입니다. 이대로라면 이번 경시 대회 시험은 분명 동규보다 잘 본 것 같습니다.

명준이는 은근히 동규에게 자랑도 할 겸 동규와 함께 집에 가자고 했습니다.

동규와 나란히 교문을 빠져나온 명준이는 동규 표정을 몰래몰래 살폈습니다.

하지만 동규 표정만으로는 시험을 잘 본 건지 아닌지 도무지 갈피를 잡을 수 없었습니다. 한동안 말없이 걷다가 명준이가 더 이상 참지 못하고 물었습니다.

"동규야, 시험 잘 봤니?"

"응. 잘 모르지만 다 맞은 거 같아."

동규 대답에 명준이는 '어라?' 하는 생각이 들었습니다.

"좀 어려운 문제가 있지 않았어? 지난번 쪽지 시험 때 본 거. 그 문제도 나왔잖아."

"아, 그 문제? 다 풀었어."

"어, 저번에는 틀렸잖아."

명준이는 걸음을 딱 멈추고 말았습니다.

"저번에 틀렸으니까 이번에는 맞혀야지. 똑같은 걸 왜 틀려?"

오히려 동규가 이상하다는 표정입니다.

"그 때 오답 노트 정리하면서 확실히 외워서 쉽게 풀었어."

"오답 노트?"

"앗! 이건 내 공부 비법인데……."

동규가 아차 싶었는지 얼굴을 찡그렸습니다. 하지만 곧 웃으면서 말했습니다.

"오답 노트는 틀린 문제를 정리해 두는 노트야. 나는 문제집을 풀거나 시험이 끝나면 늘 오답 노트를 정리해. 그러면 똑같은 문제는 안 틀리거든. 지난번 쪽지 시험 때 틀린 것을 노트에 정리하다 보니까 공식도 외워지고, 응용 문제도 풀 수 있겠더라구. 난 수학뿐만 아니라 다른 과목도 다 오답 노트를 만들어."

명준이는 두 어깨를 축 늘어뜨렸습니다.

동규를 이길 생각에 점수에만 신경쓰며 공부한 자신이 조금은 부끄러웠습니다.

"치사한 놈. 그렇게 좋은 걸 혼자만 아냐?"

"엉?"

동규가 두 눈이 동그래져서 물었습니다. 명준이는 곧 씩 웃으면서 말했습니다.

"아냐, 임마. 그렇게 좋은 걸 가르쳐 줘서 고맙다구."

명준이는 동규 어깨에 턱 하니 팔을 걸치고 말했습니다.

"너의 비법에 답례할 겸 친구, 내가 감사의 뜻으로 떡볶이 쏘지."

동규도 명준이 어깨에 팔을 걸치며 말했습니다.

"내가 좀 밑지는 장사지만, 친구니까 접수하지."

명준이와 동규는 어깨동무를 하고 나란히 분식집으로 들어갔습니다.

두 번 실수하지 않은 해군 제독 **넬슨**

1758~1805 영국의 해군 제독

넬슨은 영국의 해군 제독이자 국민적 영웅입니다. 비록 전투중에 오른쪽 눈과 오른쪽 팔을 잃었지만, 영국이 침략 당할 때면 늘 바다에 나가 전투에 참가했습니다.

열두 살에 해군에 들어간 넬슨은 여러 전투에서 공을 세웠는데, 그 가운데 가장 유명한 전투가 트라팔가르 해전입니다. 트라팔가르 해전은 1805년 영국 함대가 프랑스와 에스파냐 연합 함대를 에스파냐의 트라팔가르 앞바다에서 크게 무찌른 싸움입니다. 이 싸움에서 승리한 영국은 해상권을 잡게 되었습니다.

넬슨이 여러 해전에서 승리할 수 있었던 것은 어렸을 때의 소중한 경험 때문입니다.

열다섯 살이던 해, 탐험가 쿡 선장이 북극으로 떠난다는 소식을 들었습니다. 넬슨은 해군 장교이던 외삼촌과 쿡 선장에게 간곡히 부탁해 북극 탐험선을 타게 되었습니다.

탐험선이 북극 얼음 바다로 들어서 얼음을 헤치고 나아가는 것도 잠시, 배는 곧 얼음에 둘러싸여 갇히고 말았습니다. 당시에는 얼음을 깨어 뱃길을 열어 주는 쇄빙선도 없었고, 북극 탐험은 처음이라 탐험선은 오도가도 못하는 신세가 되었습니다. 잠시 배가 멈춘 사이 넬슨은 얼음 위로 뛰어내려 이리저리 돌아다녔습니다. 그러다가 백곰 한 마리를 발견하고 신기한 마음에 살며시 다가갔습니다. 그 때 뒤에서 총소리가 울렸습니다. 넬슨이 깜짝 놀라 뒤돌아보니, 넬슨이 앞에 있는 백곰에 정신이 팔린 사이 뒤에서 다른 백곰이 덮치려는 것을 쿡 선장이 총으로 쏜 것입니다. 정신이 나가 있는 넬슨에게 선장이 말했습니다.

"넬슨, 군인은 주의를 게을리하면 안 돼. 바다에서는 사람뿐만 아니라 날씨, 파도, 동물 등 모든 것이 언제 덤빌지 몰라. 늘 조심하고 침착해야 해."

"넷."

넬슨은 씩씩하게 대답했습니다.

북극 탐험은 실패로 돌아갔지만 넬슨은 그 경험을 소중히 살려 어떠한 경우에도 침착할 수 있게 되었습니다. 그리고 모든 해전을 승리로 이끌 수 있었습니다.

무슨 일이든 잘하고 성공만 하는 사람은 없습니다. 다만 작은 실수나 잘못을 그냥 지나치느냐, 아니면 그것에서 무언가를 얻느냐 차이지요. 지금은 별것 아니라고 생각되는 일도 확실히 짚고 넘어가세요. 틀림없이 나중에 도움이 될 것입니다.

공부해서 남 주나!

"엄마가 한 시간에 오백 원씩 줄게."

"오백 원이오?"

"그래. 두 시간이면 천 원, 세 시간이면 천오백 원."

무슨 소리냐구요? 준형이와 엄마의 대화입니다.

준형이는 발발이입니다. 학교 다녀와서 가방만 휙 던져놓고 PC방에 가거나 하루 종일 어디를 그렇게 돌아다니는지 저녁때가 다 되어서야 들어옵니다. 그리고 저녁 먹고 텔레비전 보고 그대로 잠자리에 듭니다. 가끔 숙제도 안 해 가는 판국이니 공부는 꿈도 못 꿉니다. 그나마 시험 때가 되면 엄마한테 진창 혼이 나 입이 댓발은 나와 책상에 앉아 공부를 합니다.

엄마는 이래서는 안 되겠다 생각했습니다. 세 살 버릇이 여든까지 간다고, 이렇

게 놀러만 다니면 학년이 올라갈수록 공부에 취미를 붙이지 못할 것 같았습니다. 그래서 며칠 전부터 용돈을 올려 달라는 준형이에게 엄마가 제안을 한 것입니다.

"책상에 앉아만 있어도 한 시간에 오백 원씩 준다니까."

준형이는 얼른 암산을 했습니다. 한 시간 책상에만 앉아 있어도 오백 원, 두 시간만 앉아서 공부를 하든 책을 보든 하면 천 원이 생깁니다. 아빠 구두를 닦네, 안마를 하네, 엄마 설거지를 도와 주네, 심부름을 하네 그런 것보다 훨씬 쉬울 것 같았습니다. 어차피 숙제는 매일 있으니까 책상 앞에서 숙제만 해도 최소 오백 원이 생기는 셈입니다. 그렇게 일 주일에 세 시간씩 한 달만 앉아 있으면 부족한 용돈도 넉넉해질 것입니다. 공부를 하면 성적도 오를 테고, 돈도 생기고. 그야말로 꿩 먹고 알 먹고, 마당 쓸고 돈 줍고. 손해는커녕 모든 게 준형이에게 이익입니다. 준형이는 신이 나서 대답했습니다.

"좋아요, 엄마. 할게요. 약속은 꼭 지키세요."

"그래. 제발 엄마가 용돈 좀 줄 수 있게 해 다오."

"걱정 붙들어 매세요~."

준형이는 바로 책상에 앉아 숙제할 것을 폈습니다. 그런데 막상 책상 앞에 앉으니 좀이 쑤셔서 가만히 앉아 있질 못했습니다. 한 시간은커녕 30분도 견디기 어려웠습니다.

"으… 조금만 더, 조금만 더 참으면 용돈이 생긴다."

그렇게 간신히 숙제를 마치고 한 시간을 채웠습니다. 엄마는 약속대로 오백 원짜리 동전을 준형이 손에 건네 주었습니다.

이튿날도 준형이는 책상에서 숙제를 하고 문제집을 풀었습니다. 아직도 엉덩이가 들썩들썩했습니다.

퇴근한 아빠가 준형이 방에 들러 웃으며 말했습니다.

"이 녀석, 뭘 그렇게 열심히 하기에 아빠가 와도 모르니?"

"아, 아빠. 다녀오셨어요?"

준형이는 연필 쥔 손으로 머리를 긁적이며 겸연쩍게 웃었습니다. 준형이 책상으로 다가온 아빠는 깜짝 놀랐습니다.

"이야, 네가 웬일이냐 공부를 다하고."

"헤헤, 이제 좀 해 보려구요."

"너, 엄마가 공부하면 한 시간에 오백 원씩 주겠다고 하던데, 혹시 그것 때문에 하는 거냐?"

"네. 30분만 더 있으면 두 시간이에요."

준형이는 신이 나서 대답했습니다. 하지만 아빠는 씁쓸한 웃음을 지으면서 혼잣말처럼 말했습니다.

"끌, 공부를 한다니 좋기는 하다만 왠지 동기가……."

준형이는 아빠 말에는 신경쓰지 않고 다시 문제집으로 눈을 돌렸습니다.

며칠이 지난 후, 준형이가 학교에서 돌아오는 길이었습니다.

"박준형, 같이 가!"

혁진이였습니다. 같은 반은 아니지만 준형이 아랫집에 살아서 꽤 친한 친구입니다.

"어, 혁진아. 오랜만이다."

"너 요즘 안 보이더라?"

"응… 이것저것 좀 바빠서."

준형이는 대강 얼버무렸습니다. 솔직히 친구들에게 '책상에 앉아 있으면 용돈이 생긴다'라고 자랑하기가 왠지 창피했습니다. 이런저런 얘기를 하다가 갑자기 혁진이가 준형이 옆구리를 툭 치며 말했습니다.

"야, 박준형. 너 요즘 아르바이트한다면서?"

"엉? 아르바이트라니?"

혁진이는 히죽히죽 웃으면서 말했습니다.

"왜, 너 공부할 때마다 엄마가 돈 주신다면서? 시간 당 오백 원. 그게 아르바이트지 뭐야?"

순간 준형이는 기분이 나빠졌습니다.

"좋겠다~. 우리 사촌형은 햄버거집에서 내내 서서 힘들게 아르바이트한다는데, 너는 그냥 앉아만 있어도 돈이 생기잖아."

준형이는 빈정거리는 혁진이 말에 화가 나 버럭 소리를 질렀습니다.

"누가 그래! 그냥 그 동안 내가 공부를 너무 안 한 것 같아서, 그래서 내가 하고 싶어서 하는 거야. 용돈은 무슨……."

"자식, 변명은. 우리 엄마한테 다 들었어. 너는 학생이 무슨 공부를 돈 때문에 하냐? 공부해서 남 주냐? 너를 위해 하는 건데 공부를 무슨 돈 받고 해? 자기 일은 스스로 알아서 하는 거야, 임마."

준형이는 자존심이 상했습니다. 혁진이 말이 틀린 것도 아닙니다. 하지만 속에서는 계속 확확 열이 솟았습니다. 준형이는 문방구에서 살 게 있다고 대강 얼버무리고 혁진이와 헤어졌습니다.

'씩씩, 뭐 내가 먼저 그런다고 했나? 엄마가 먼저 돈 주신다고 한 건데. 내 잘못

도 아닌데 혁진이 녀석, 괜히 놀리고 난리야.'

그렇게 얼마쯤 걷다 보니 생각이 생각을 파고들기 시작했습니다.

'하긴, 내가 얼마나 공부를 안 했으면 엄마가 돈을 준다고 하셨을까. 엄마 위해서 공부하는 것도 아니고 결국 나를 위한 건데.'

쿵쿵 땅을 울리던 발걸음엔 어느새 터벅터벅 힘이 빠졌습니다. 처음에는 한 시간이 엄청 길게 느껴졌는데 며칠 그렇게 하다 보니 조금 욕심이 생겼습니다. 그래서 복습도 하고 예습도 했습니다. 어느 날인가부터는 책도 읽기 시작했습니다.

"재미있는 동화책을 읽으면 좀더 시간이 후딱 가지 않을까?"

생각했던 대로 한 시간이 후딱 가 버렸습니다. 한번은 숙제를 하고 예습 복습을 한 다음 읽은 동화책이 너무 재미있어서 처음부터 끝까지 읽은 적도 있습니다. 그러다 보니 세 시간 동안 책상에 앉아 있게 되었습니다. 엄마는 무척 기뻐하며 용돈을 주었습니다. 하지만 준형이 스스로 그랬더라면 엄마가 더 기뻐했겠지요.

"사나이 박준형이 용돈에 자존심을 팔다니, 좋아!"

준형이는 고개를 빳빳이 들고 하늘을 올려다보며 말했습니다.

"이제 예전처럼 그냥 용돈만 받고, 공부는 내가 알아서 한다!"

그리고 끝에 이렇게 중얼거렸습니다.

"끌, 공부 아르바이트가 쬐끔 아깝기는 하지만……."

고통받는 사람들을 위해 일생을 바친 슈바이처

1875~1965 독일의 신학자 · 의사

알버트 슈바이처가 초등학교 때, 너무 가난해 겨울에 외투도 입지 못한 아이들은 넉넉한 집에서 태어난 슈바이처를 몹시 부러워했습니다.

하루는 슈바이처가 반 아이와 싸우게 되었습니다. 서로 뒤엉켜 싸운 끝에 싸움은 슈바이처의 승리로 끝났습니다.

싸움에 진 아이는 울먹이며 슈바이처에게 소리쳤습니다.

"나도 너처럼 맨날 고깃국만 먹으면 지지 않아!"

그 날부터 슈바이처는 모든 사람들이 행복하게 살지 못하는 것에 대해 고민하기 시작했습니다. 세상은 혼자만 사는 것이 아니라고 생각한 슈바이처는 대학에서 신학 공부를 하며 자신이 지금까지 누려온 행복을 고통받는 사람들에게 나누어 주고 싶었습니다.

열심히 노력하고 공부한 슈바이처는 30세 이전에 이미 신학자이자 철학자, 음악가로 이름을 떨쳤습니다.

하지만 슈바이처 마음에는 늘 가난하고 병든 사람에 대한 생각이 차 있었습니다. 결국 슈바이처는 아프리카에 가서 봉사하기로 마음먹고 다시 의대에 진학했습니다.

다른 사람들은 모두 말렸지만, 슈바이처는 36세라는 늦은 나이에 의사 학위를 받았습니다. 결혼 후에는 부인 헬레네와 함께 아프리카로 갔습니다.

시설이 부족해 닭장을 개조해 만든 아프리카의 진료실에는 아침부터 늦은 밤까지 환자들이 몰려왔습니다. 정성을 다해 치료해 주는 슈바이처에게 아프리카 사람들은 진심으로 감사하며 그를 '백인 요술쟁이'라고 불렀습니다.

38세에 처음 아프리카에 온 슈바이처는 78세인 1952년에 노벨 평화상을 수상했습니다. 상금으로 나병 환자를 위한 병원을 짓고, 90세에 숨을 거둘 때까지 병원에서 허드렛일을 했습니다.

온 세계인의 존경을 받는 슈바이처는 돈이나 명예를 좇아 의사가 된 것이 아닙니다. 안정된 길을 마다하고 늦은 나이에 어려운 의학 공부를 하고 평생 남을 위해 봉사한 것 모두 자신의 의지에 의한 것입니다.

남보다 뛰어난 사람이 되기 위해서는 수동적인 자세가 되어서는 안 됩니다. 남이 아닌 스스로의 마음에서 우러나야 합니다.

비록 힘들고 고생스럽더라도 스스로가 결정한 일에 최선을 다한다면 보다 많은 보람을 얻을 수 있을 것입니다.

세상은 넓고 배울 곳은 많다!

"폭군이었던 연산군이 쫓겨나고 임금의 자리에 오른 분이 중종입니다. 그 사건을 '중종반정'이라고 합니다. 중종은 조광조를 등용해 훈구파를 견제하고 향약을 전국적으로 실시하는 사림파 중심의 정치를 했어요. 하지만 조광조는 심정과 남곤의 음모에 휩싸여 나중에 사약을 받는데, 이를 '기묘사화'라고 합니다."

척돌이 영재입니다.

영재가 발표를 할 때면 모두 멍 하니 영재만 바라봅니다.

"어휴, 척돌이 또 잘난 척한다. 재수없어."

미정이가 조그만 목소리로 말했습니다.

"그래, 척돌이 너 잘~났다."

태석이도 못마땅한 듯이 중얼거렸습니다.

"그래, 잘 알고 있구나. 역시 영재야."
선생님은 오늘도 영재 칭찬입니다.

하루에 한 번, 아니 어떤 날은 매시간마다 영재가 칭찬을 받지 않는 날이 없습니다. 당연히 다른 친구들이 영재를 시샘할 수밖에요.

하지만 수경이는 조금 다릅니다. 영재가 얄밉기도 하지만 한편으로는 부럽기도 합니다. 수경이도 공부라면 한 공부 하는데, 영재는 어려운 역사를 저렇게 쉽게 말하고, 어쩌면 과학의 원리나 지리에 대해 술술 대답을 잘할까요. 수경이가 여러 번 책을 읽고 이해한 것을 영재는 너무 쉽게 말해 버립니다.

'분명히 우리가 모르는 특별한 참고서를 쓸 거야.'

영재가 무슨 참고서를 쓰는지 궁금해진 수경이는 쉬는 시간에 별로 친하지도 않은 영재에게 쭈뼛쭈뼛 다가가 물었습니다.

"영재야. 너 아까 사회 시간에 대답 잘하더라."

"응? 아, 중종반정? 뭘……."

영재는 특유의 하회탈 웃음을 지으며 말했습니다.

"저기 혹시 너, 사회 참고서 뭘 쓰니?"

"엉?"

"무슨 참고서인지 정리가 잘 되어 있는 걸 보는 것 같아서. 내가 보는 참고서는 아까 네가 말한 대로 그렇게 정리가 잘 안 되어 있거든."

"아~."

영재는 이번에도 환하게 웃으며 말했습니다.

"텔레비전."

"뭐?"

수경이는 기가 막혔습니다. 혼자만 좋은 참고서를 쓰려고 일부러 둘러대는 것 같아 영재가 얄밉기까지 했습니다.

"사실 얼마 전에 끝난 역사 드라마를 보고 안 거야. 역사 다큐멘터리도 보고. 요즘은 드라마로 고려 시대 공부를 하고 있지."

"그렇게 늦게까지 텔레비전 봐도 돼?"

"물론 엄마가 싫어하셔. 그래서 늦게 방송하는 것은 재방송을 보거나 아빠가 녹화하신 거 보는 때가 많아.”

수경이는 조금 실망했습니다. 영재가 꽤 괜찮은 참고서를 보고 있을 거라고 생각했기 때문입니다. 교과서도 아니고 참고서도 아닌 텔레비전을 보고 그 많은 이야기를 할 수 있다는 게 말도 안 되는 것 같았습니다. 수경이는 영재가 솔직히 말해 주지 않는 것이라고 생각했습니다.

'분명 영재에게는 뭔가 있어. 그게 뭘까?'

이튿날 과학 시간이었습니다. 소화 기관에 대해 공부를 하는데 또 척돌이 영재가 나섭니다.

“간은 오장육부 가운데 가장 크고 중요한 기관입니다. 모양은 나폴레옹 모자와 비슷하게 생겼어요. 간은 담즙을 만들어 소화를 돕기도 하고, 알부민이라는 단백질을 만들고, 해독 작용을 하기도 하는 등 그 능력의 한계를 알 수 없을 정도라고 합니다. 특히 간세포는 재생할 수 있는데, 간의 4분의 3을 잘라내도 4개월 뒤면 원래 크기대로 회복된다고 해요.”

또 선생님은 영재를 칭찬하고 아이들은 부러움 반 시샘 반으로 영재를 쳐다보았습니다. 수경이도 마찬가지입니다. 수경이는 이번에는 선생님 몰래 영재에게 쪽지를 건넸습니다.

'영재야, 어쩜 그렇게 자세히 알고 있니? 어떤 참고서에 그런 자세한 내용이 나와? 좀 가르쳐 줘, 제발~.'

수경이에게 돌아온 쪽지에는 이렇게 쓰여 있었습니다.

'참고서에서 본 게 아니야. 엄마랑 동생이랑 인체의 신비 전시회에 갔다 왔거든. 거기에서 본 걸 그냥 말한 거야. 재미있으니까 너도 갔다 와 봐.'

쪽지를 보고 수경이는 영재에게 조금 화가 나기 시작했습니다. 까짓것 좀 가르쳐 주면 어때서 전시회니 뭐니 둘러댈까요. 수경이는 영재를 뚫어지게 쳐다보며 속으로 중얼거렸습니다.

'아니야. 말만 그렇게 하는 거고, 무슨 백과사전이나 그런 걸 보면서 공부했을 거야. 과외를 하나? 하여간 분명 영재한테는 내가 모르는 뭔가가 있어.'

영어 시간이었습니다. 회화 중심으로 수업하는 영어 시간에는 수업 시작 전에 선생님이 한 명씩 지목해서 간단한 대화를 나눕니다.

"그러면… 오늘은 이영재 학생? 나랑 지금까지 배운 걸로 대화를 해 볼까요?"

영재가 영어 시간에 처음으로 지목받았습니다. 아이들은 수군거렸습니다.

"척돌이가 설마하니 영어까지 잘할까?"

"만약 더듬거리면 오늘로써 척돌이도 깨갱이다."

아이들은 영재가 영어를 얼마나 잘할지 궁금했습니다. 드디어 선생님과의 대화가 시작되었습니다.

"What did you do yesterday?"

"I went shopping with my mother. There were many dresses in the store."

"Did you buy your dress?"

"Yes. I tried on the blue T-shirt. I really liked the color so bought it."

"우와~!"

아이들의 탄성이 터져나왔습니다. 선생님 물음에 술술 대답하는 것도 그렇고 발음도 좋았기 때문입니다.

"척돌이가 괜히 척돌이가 아니네."

"완전히 팔방미인이잖아. 대단한 녀석이다."

44

아이들은 영재에게 완전히 두 손 두 발 다 들고 말았습니다. 쉬는 시간에 이번에도 수경이가 영재에게 물었습니다. 이번에는 아주 작정을 하고 말이지요.

"영재야, 아까 너 영어 잘하더라. 너 어느 영어 학원 다녀?"

"학원? 학원 안 다니는데?"

영재가 눈을 끔뻑이며 대답했습니다.

"솔직히 말해. 차라리 어느 학원인지 가르쳐 주기 싫으면 싫다고 해. 치사하게 빙빙 돌려 말하지 말고."

"빙빙 돌리긴 뭘 돌려? 난 그저 신문에 나오는 생활 영어를 외운 것뿐이야. 매일 저녁에 아빠랑 그 날 신문에 나온 영어 회화 외우는 내기를 하거든. 그러니까 하루에 한 문장은 꼭 외우는 셈이지. 그리고 비디오 영화를 볼 때도 웬만하면 자막 안 보려고 하고. 그러면 영어 공부에 도움이 많이 돼. 너도 한번 해 봐."

수경이는 쉽게 이해가 가지 않았습니다.

일 주일에 세 번 학원에서 영어를 배우는 수경이는 선생님이 하는 말을 더듬더듬 알아들을 뿐입니다. 하지만 영재는 하회탈 웃음을 지으며 여유까지 보입니다.

텔레비전 드라마나 다큐멘터리로 역사 공부를 하고, 전시회에 가서 과학 공부를 하고, 신문이나 비디오 테이프로 영어 공부를 하고. 교과서와 학습지로만 공부하는 수경이는 영재를 도저히 이해할 수 없었습니다.

'아니야, 영재에게는 내가 모르는 뭔가가 있을 거야.'

수경이는 오늘도 영재가 어떤 학원을 다니는지, 무슨 책으로 공부를 하는지, 또 어떤 선생님한테 과외를 받는지 궁금합니다. 하지만 아직 영재에게서 그다지 특별한 것을 발견하지 못했습니다. 도대체 영재의 숨은 실력은 어디서 나오는 걸까요?

다양한 경험을 쌓은 극작가 셰익스피어

1564~1616 영국의 시인 · 극작가

셰익스피어는 집이 너무 가난해 학교를 제대로 다니지 못 했습니다. 일할 나이가 되었지만 별다른 직업 없이 이리저리 떠돌아다녔습니다.

하지만 결혼을 하자 먹고 살 것이 급해 뭐든 해야만 했습니다.

런던까지 오게 된 셰익스피어는 한 극장에서 일을 하게 되었습니다. 연극을 보러 온 손님들의 말을 다루는 마부였 습니다. 연극에 관심이 많았던 셰익스피어는 어떻게든 극장에 있고 싶어서 열심히 일했습니다.

셰익스피어는 일하는 틈틈이 연극을 어깨 너머로 보았습니다.

그러던 어느 날이었습니다. 단장이 셰익스피어를 불렀습니다.

"어이, 이봐. 마부 역할을 맡은 사람이 갑자기 병이 나서 그러는데, 한번 해 보겠나?"

"그럼요, 그럼요."

비록 간단한 역이었지만 셰익스피어는 신이 나 무대에 섰습니다. 의외로 연기를 잘했기 때문에 셰익스피어는 배우로 활동하게 되었습니다.

몇 번 무대에 서 본 셰익스피어는 더욱 욕심이 나기 시작했습니다. 그래서 연극 공부를 더욱 열심히 해 연극을 연출하기도 하고 대본을 쓰기도 했습니다.

처음에는 선배들이 쓴 대본을 고치거나 베끼는 일이었습니다. 하지만 점점 작품의 완성도가 높아지고, 그 유명한 〈로미오와 줄리엣〉이 히트하면서 셰익스피어는 유명 작가가 되었습니다.

그 후 〈베니스의 상인〉뿐만 아니라 세계적으로 유명한 **셰익스피어의 4대 비극** 〈햄릿〉〈오셀로〉〈리어왕〉〈맥베스〉가 탄생했습니다.

어느 방면에나 최고가 되기 위해서는 좋은 책과 훌륭한 선생님이 필요합니다. 하지만 반드시 그래야만 하는 것은 아닙니다.

두루두루 관심을 가지면 자신에게 도움이 되는 정보를 여러 곳에서 얻을 수 있습니다. 신문을 보거나 책을 보거나, 전시회나 박물관에 가 보면 많은 지식을 쉽게 얻을 수 있답니다.

비록 셰익스피어가 좋은 학교에서 제대로 된 교육을 받지 못하고 극장에서 말을 돌보는 보잘것없는 일을 했지만, 자신의 꿈을 위해 여러 방면에 관심을 가지고, 여러 곳에서 지식을 얻었기 때문에 세계 최고의 극작가가 될 수 있었던 것입니다.

목숨을 구한 일기장

"학교 다녀오겠습니다."

지선이는 오늘도 늦잠을 잤습니다. 엄마는 헐레벌떡 집을 나서는 지선이 입에 빵을 물려 줍니다.

엄마가 막 현관문을 잠그고 돌아서는데, "띵동" 하고 초인종 소리가 났습니다. 문을 열어 보니 지선이입니다.

"엄마! 수첩요, 수첩."

"에그. 한번에 좀 챙겨라, 응?"

엄마는 지선이 머리에 꿀밤을 먹이고 수첩을 가져다 줍니다.

"진짜 학교 다녀오겠습니다."

지선이는 수첩을 목에 걸고 뛰어나가며 외쳤습니다. 둘째 가라면 서러울 정도로 건망증이 심한 지선이이지만 수첩만은 늘 가지고 다닙니다.

학교에서 지선이의 별명은 메모왕입니다. 지선이는 아무리 작은 일도 목에 걸고 다니는 수첩에 꼭꼭 적어 놓습니다. 지선이가 메모왕이 된 것은 2년 전, 3학년 때 있었던 사건 때문입니다.

2년 전만 해도 지선이는 일기 쓰는 것을 아주 싫어했습니다. 밤마다 엄마와 지선이는 일기 전쟁을 치러야 했습니다.

"엄마, 나 오늘 뭐했어?"

"그걸 네가 알지, 엄마가 어떻게 아니?"

"일기 쓸 게 없단 말이야. 어휴, 뭘 쓰지?"

지선이는 아무렇게나 세 줄 쓰고 일기장을 덮습니다.

그렇게 일기 쓰기를 싫어하는 지선이를 위해 엄마는 한 가지 꾀를 내었습니다.

어느 날 아침, 지선이가 학교에 가려고 막 나설 때였습니다.

"지선아, 이거 걸고 가라."

"이게 뭔데?"

엄마는 목에 걸 수 있게 끈을 맨 작은 수첩을 지선이 목에 걸어 주셨습니다.

"맨날 일기 쓸 거 없다고 징징거리지 말고, 이거 걸고 다녀. 아무거나 본 대로 두 쪽만 채우면 이백 원 줄게."

이백 원이란 말에 넘어간 지선이는 순순히 수첩을 목에 걸고 나갔습니다. 하지만 아파트를 나서자마자 수첩을 벗어서 가방에 넣었습니다.

"에이, 창피하게 이런 걸 어떻게 걸고 다녀. 이따가 아무거나 지어서 쓰면 되지 뭐."

그 날 저녁 일곱 시쯤, 피아노 학원을 마치고 집으로 돌아오는 길이었습니다.

골목을 막 빠져 나오는데, 저 앞 횡단보도에 어린아이 둘이 서 있는 게 보였습니다.

신호등이 없고 차들이 쌩쌩 다니는 길이라 아이들끼리 건너기는 위험한 곳입니다.

'쟤들이랑 같이 건너야겠다.'

지선이는 그런 생각을 하며 걸음을 빨리 했습니다.

그 때, 아이들이 횡단보도로 내려섰습니다.

"끼익, 턱!"

눈 깜짝할 사이에 벌어진 일이었습니다.

흰색 택시에 치인 아이들은 붕 날아 저 앞에 떨어졌습니다. 택시에는 '호동 운수' 라고 쓰여 있었습니다.

아이들은 피는 안 났지만, 죽었는지 꼼짝도 안 하고 누워 있었습니다. 택시에서 기사 아저씨가 나오더니 황급히 아이들을 차에 태우고 갔습니다.

너무 놀란 지선이는 다리가 후들후들 떨렸습니다. 길에는 아무도 없었습니다.

"아! 수첩. 수첩에 적어놔야지."

멍하니 서 있던 지선이는 엄마가 준 수첩을 펼쳤습니다.

[교통 사고 봄. 아파트 옆 횡단보도. 호동 운수라는 흰색 택시. 남자애랑 여자애가 치임. 기사 아저씨가 아이들을 차에 싣고 감.]

그 날 저녁, 지선이는 아까 본 아이들 생각이 나서 기분이 이상했습니다. 저녁을 먹을 때도, 텔레비전을 볼 때도 그 생각이 머리 속에서 떠나질 않았습니다.

텔레비전을 끄고 자려던 지선이는 누가 시키지도 않았는데 일기장을 펼쳤습니다. 오랜만에 제대로 쓰는 일기입니다.

2002년 7월 25일 목요일

날씨 : 흐림

제목 : 교통 사고

오늘 학원 갔다 오는 길에 교통 사고가 나는 것을 봤다. 내가 길을 건너려고 가는데, 어떤 아이 둘이 서 있었다. 걔들이랑 같이

가려고 했는데, 그 애들이 먼저 건넜다.

근데 흰색 택시가 와서 아이들을 치었다. 끽 소리가 나서 깜짝 놀랐다. 내가 보니까 아이들이 붕 날아갔다. 사람이 차에 치여서 날아가는 건 처음 봤다. 그렇게 날아가서 떨어졌는데도 피가 안 났다. 애들은 꼼짝도 안 하고 죽은 것처럼 누워 있었다.

기사 아저씨가 택시에서 내리더니 아이들을 데리고 갔다.

아이들은 어떻게 되었을까? 죽지는 않았을까? 죽어서 귀신이 돼서 나타나면 어떡하지?

정말 무섭다. 나는 앞으로 그 쪽 길로는 절대 안 다닐 거다.

이틀 뒤였습니다. 지선이가 집에서 숙제를 하고 있는데 아파트 앞 주차장이 떠들썩했습니다. 지선이랑 엄마가 내다보니 어떤 아저씨랑 아줌마가 있었습니다. 아저씨는 사람들에게 종이를 나눠 주고, 아줌마는 마이크에 대고 방송을 하고 있었습니다.

"우리 아이들을 찾아 주십시오. 그저께 저녁에 놀이터에 간다고 나갔다가 안 들어왔습니다. 여섯 살 난 여자아이와 여덟 살짜리 남자아이입니다. 여자아이는 빨간 티셔츠에 검은 반바지를 입었고, 남자아이는 멜빵 청바지에 흰 티셔츠를 입고 있습니다. 누구라도 보신 분이 계시면 꼭 좀 알려 주십시오. 애타는 부모 마음을 생각해서 그 아이들을 데리고 계신 분은 꼭 연락 주세요, 흑흑……."

아줌마는 울먹울먹 하면서 얘기를 하고 있었습니다. 지선이는 문득 떠오르는 게 있었습니다.

"아줌마, 제가 봤어요. 저기요, 제가 봤어요."

지선이는 베란다에서 손을 흔들며 소리질렀습니다. 아줌마와 아저씨는 지선이네로 단숨에 달려왔습니다. 지선이의 얘기를 들은 아줌마와 아저씨는 우리 아이들이 맞다면서 엉엉 울었습니다. 지선이는 아줌마, 아저씨를 따라서 엄마와 함께 파출소로 갔습니다. 가기 전에 지선이는 얼른 방에 들어가서 수첩과 일기장을 챙겼습니다.

파출소에서 경찰 아저씨는 지선이 일기장을 보더니,

"얘, 너 이 일기 진짜니?"

여러분도
메모하는 습관을
키우세요.

하고 물었습니다.

지선이는 고개를 끄덕였습니다.

"그 택시 아저씨가 어떻게 생겼니?"

"뚱뚱하고 안경 쓰고요, 키는 우리 아빠랑 비슷해요. 기사 아저씨들 입는 옷 입었구요……."

경찰 아저씨는 어른들을 보고 이 정도면 찾을 수 있겠다고 말씀하셨습니다. 그리고 엄마에게,

"똑똑한 딸을 둬서 좋으시겠어요." 했습니다.

아줌마, 아저씨는 지선이의 손을 마주잡고 몇 번이나 고맙다고 인사를 했습니다.

며칠 뒤, 신문에 지선이 이름이 나왔습니다. 지선이가 쓴 일기장을 단서로 뺑소니 아저씨를 잡았다구요. 다행히 아이들은 생명에는 지장이 없다고 했습니다.

학교에서는 전교생이 보는 앞에서 특별상과 상품도 받았습니다. 지선이 엄마는 상장을 액자에 끼워서 걸어 놓았습니다.

그 일이 있은 뒤, 지선이는 꼭꼭 수첩을 가지고 다닙니다. 3학년 때부터 지금까지 2년 동안 적은 수첩이 열 개도 넘습니다.

두 아이의 목숨을 살린 수첩은 이제 지선이를 메모왕에서 글짓기왕으로 만들어 주었습니다.

지선이의 수첩에는 이런저런 내용이 잔뜩 적혀 있습니다.

학원 가는 길에 본, 쓰레기가 둥둥 떠다니는 썩은 하천의 모습, 월드컵 때 우리 나라하고 에스파냐하고 경기한 모습, 학교 뒤 닭장에서 병아리가 태어나던 모습 같은 내용이 다 쓰여 있습니다.

그래서 환경이나 통일, 불조심 같은 어려운 글쓰기 숙제도 문제없습니다. 그 수첩만

보면 쓸 거리가 넘쳐나거든요.

지선이는 5학년이 되면서 새로 시작한 일이 있습니다. 그 동안 정리한 수첩을 내용별로 나눠 놓는 것이지요. 상자를 몇 개 만들어서 통일에 대한 내용은 통일 상자에, 환경에 대한 내용은 환경 상자에 따로따로 모아놓습니다.

지선이의 꿈은 훌륭한 기자가 되는 것입니다. 틈만 나면 세계를 누비며 취재하러 다니는 자신의 모습을 상상해 봅니다. 지선이는 오늘도 수첩에 차곡차곡 소중한 꿈을 적어놓습니다.

기록을 통해 큰 업적을 남긴 **갈릴레이**

1564~1642 이탈리아의 천문학자

이탈리아의 피사에서 태어난 갈릴레이는 궁정 음악가였던 아버지에게 많은 사랑을 받으며 자랐습니다. 갈릴레이의 아버지는 아들이 앞으로 열심히 공부해서 꼭 훌륭한 의사가 되기를 바랐습니다.

시간이 흘러 피사 대학에 입학한 갈릴레이는 의사가 되기 위해 하루도 게으름 피우지 않고 열심히 공부했습니다. 하지만 시간이 지날수록 점점 의학 공부에 흥미를 잃어 갔습니다.

'매일 의학 지식만 달달 외우는 건 나와 맞지 않는 것 같아. 이렇게 하기 싫은 공부를 억지로 할 바에는 차라리 내가 하고 싶은 수학이나 물리학 공부를 하는 게 낫겠어.'

예전부터 수학이나 물리학에 관심을 갖고 있던 갈릴레이는 결국 의학 공부를 그만두었습니다. 하지만 의학 공부를 포기한 갈릴레이는 뜻하지 않은 어려움에 부딪히게 되었습니다.

아들이 의사가 되기를 바라는 아버지로부터 학비가 끊긴 것입니다. 그 후부터 갈릴레이는 아버지의 친구에게 수학을 배우고 혼자 물리학 공부를 해 나갔습니다.

공부를 게을리하지 않았던 갈릴레이는 피사 사원의 천장에 매달린 등잔이 흔들거리는 데서 힌트를 얻어 '진자(흔들이)의 등시성'이란 법칙을 발견하였습니다. 그 후 진자의 등시성은 과학 발전의 기초가 되었고 갈릴레이는 피사 대학의 교수로 부임하는 기회까지 얻었습니다.

1609년, 갈릴레이는 망원경을 직접 만들어 천체 관측을 시작했습니다. 갈릴레이는 해와 달, 별의 움직임을 하나하나 자세히 기록해 나갔습니다. 우주를 관찰하면 할수록 갈릴레이는 새로운 사실들을 하나씩 알아가게 되었어요.

'그래, 바로 이거야!'

지식이 쌓일 때마다 신이 난 갈릴레이는 새롭게 알게 된 것들을 빠짐없이 메모했습니다. 이렇게 하나하나 적어두었던 기록들을 갈릴레이는 〈별에서 온 편지〉라는 제목의 책으로 엮었습니다.

여러분도 생각나는 것들을 그냥 머릿속에만 남겨두지 말고 하나씩 메모해 나가는 습관을 들여 보세요. 그것들이 쌓이고 쌓여 곧 자신만의 훌륭한 재산이 될 것입니다.

공부를 하면서 잘 모르는 것들, 꼭 외워야 하는 것들을 메모해 나간다면 자신도 모르는 사이에 실력이 느는 것을 느낄 수 있을 거예요.

정의의 태권 브이 김창현

창현이의 별명은 태권 브이입니다.

태권도 실력도 실력이지만, 그보다 진짜 태권 브이처럼 불의를 보면 참지 못하는 성격이거든요.

창현이는 약한 아이가 당하고 있으면,

"야, 정의의 무쇠팔 맛 좀 볼래? 애 괴롭히면 알아서 해."

하고 제 일처럼 나섭니다.

하지만 창현이는 실제로 주먹을 쓰지는 않습니다.

어려서부터 갈고 닦은 창현이의 태권도 실력은 유명하지만, 태권도장 밖에서 싸운 적은 없습니다. 언제나 으름장만 놓아도 아이들은 창현이 말을 잘 듣습니다.

괴롭힘당하는 아이의 편을 들어 주는 것도, 다친 아이가 있을 때 업고 양호실로 뛰는 것도 언제나 창현이입니다.

공부는 중간이지만 장기자랑 할 때 각설이 타령을 진짜 각설이보다 더 구성지게 불러제끼는 창현이는 6학년 3반의 짱입니다.

어느 날 저녁이었습니다.

창현이는 여덟 시가 다 되어서야 집에 돌아왔습니다.

"창현아! 너, 학원 끝난 지가 언젠데 이제 오니? 영어 선생님 왔다 그냥 가셨잖아. 시간 약속도 못 지키면서 도대체……."

화가 잔뜩 나서 창현이를 야단치던 엄마는 눈이 휘둥그래졌습니다.

"아니, 너 얼굴이 왜 이 모양이야?"

창현이 얼굴은 온통 상처투성이였습니다.

입술은 얻어맞아서 벌에 쏘인 것처럼 퉁퉁 부어 있고, 눈두덩이에는 피가 흐르고 있었습니다.

게다가 새로 산 옷은 찢어져서 너덜거렸습니다. 창현이는 마룻바닥에 털썩 주저 앉았습니다.

"뭘 잘했다고 앉아. 너, 싸웠니?"

엄마는 무서운 얼굴로 소리쳤습니다.

"그게 아니구요."

"아니긴 뭐가 아니야. 너, 엄마가 그랬지. 밖에 나가서 주먹 쓰면 태권도고 뭐고 끝이라고. 그래, 사범님이 너 싸움질하라고 가르치시디? 수현아, 회초리 가져와."

동생 수현이가 제일 가늘고 아픈 회초리를 골라 왔습니다. 창현이는 뭐라 변명 하려다 말고 다리를 걷고 섭니다.

"네 동생 수현이 좀 봐라, 응? 이번에 또 수학 경시 대회 나간다더라. 형이 돼서 동생한테 모범은 못 보일망정, 어디서 싸움질이야!"

엄마는 있는 힘껏 회초리를 내리쳤습니다. 금세 창현이 종아리에 뻘건 줄이 쭉쭉 갔습니다.

엄마는 회초리를 집어던지고 방으로 들어갔습니다.

며칠 뒤, 학교에서 연락이 왔습니다.

담임선생님이 엄마 좀 오시라고 했다는 것입니다. 창현이 엄마는 걱정이 태산 같았습니다.

'아니, 무슨 일이지? 얘가 무슨 사고를 쳤나?'

엄마는 조심조심 교무실에 들어섰습니다.

교무실에는 창현이 담임선생님이 어떤 아주머니와 심각하게 이야기를 나누고 계셨습니다. 엄마는 들어가지도, 나오지도 못하고 머뭇거리고 있었습니다.

그 때 담임선생님이 엄마를 보고 일어섰습니다.

"창현이 어머니 오셨어요? 어서 이리 앉으세요."

엄마는 쭈뼛쭈뼛 의자에 앉았습니다.

"창현이 어머님이세요? 전 창현이랑 같은 반 연재 엄마예요. 제가 너무 고마워서 이렇게 뵙자고 했습니다."

창현이 엄마는 뜻밖의 분위기에 어리둥절했습니다.

"무슨 말씀이신지……."

"어머, 아무 말 못 들으셨어요?"

연재 엄마는 자리를 고쳐 앉으며 말씀하셨습니다.

창현이가 연재를
도와 주다가 그랬대요.

아니,
이럴수가….

"며칠 전에, 창현이가 많이 다쳐서 들어온 적 있죠?"

"네. 어디서 싸우고 왔기에 제가 단단히 야단은 쳤는데……."

"아니, 창현이가 그것 때문에 혼났어요? 어머, 딱해라. 사실은요, 우리 애가 그 날 집에 오다 중학생 깡패 둘을 만났대요. 알고 보니까 걔들이 연재를 상습적으로 괴롭혔나 봐요. 그 날도 돈을 뜯기고 있는데, 글쎄 댁의 아드님이 그걸 보고 그 깡패들에게 대들었대요. 그래서 연재도 같이 들러붙어서 치고 박고 싸웠다네요. 우리 애 말로는 아드님이 많이 다쳤다던데……."

창현이 엄마는 너무 놀라 눈이 휘둥그래졌습니다.

엄마 눈앞에 그 날 창현이 모습이 떠올랐습니다.

힘없이 들어와 털썩 주저앉던 모습, 뭐라고 변명도 못하고 매맞던 모습, 뻘건 줄이 쫙쫙 간 종아리… 엄마는 창현이가 얼마나 억울했을지 생각하니 가슴이 아팠습니다.

"저는 그것도 모르고 다짜고짜 매를 들었으니, 전 엄마 자격도 없어요."

내내 얘기를 듣고만 계시던 담임선생님이 창현이 엄마 손을 잡으며 말했습니다.

"아니에요. 충분히 그러실 수 있어요. 저도 가끔 실수로 애들을 야단칠 때가 있는걸요. 그래도 창현이가 성격이 참 좋아요. 억울하게 야단맞아도 그저 씩 웃으면 그만이에요."

옆에 있던 연재 엄마도 한 마디 거들었습니다.

"아드님이 정말 장해요. 그런 싸움엔 어른들도 쉽게 못 끼여드는데. 창현 엄마, 이건 제 마음의 선물이에요. 작은 거니까 받아두세요."

연재 엄마는 옆에 있던 종이가방을 건넸습니다.

"아휴, 아니에요."

창현이 엄마는 사양하며 손을 내저었습니다.

그 때, 옆자리에 계시던 담임선생님이 선물을 받아 창현이 엄마 손에 쥐어 주며 말했습니다.

"받으세요. 저도 자식 키우지만 우리 애도 자기만 알아요. 요즘 창현이 같은 아이 정말 없어요. 아드님 잘 두셔서 얼마나 좋으세요?"

창현이 엄마는 얼떨결에 선물을 받았습니다.

"참, 그 중학교 애들이 해코지하면 어쩌죠?"

창현이 엄마께서 걱정스레 물었습니다.

"저도 그게 걱정이에요. 아이들한테 으슥한 데로 다니지 말라고는 해뒀는데……."

담임선생님이 말했습니다.

"우리 엄마들이 조를 짜서 저녁나절 한 번씩 돌면 어떨까요? 해질 무렵 으슥한 곳으로요."

창현이 엄마가 말했습니다.

"어머, 좋은 생각이에요. 밥 안쳐놓고 바람도 쐴 겸 돌면 좋겠네요."

연재 엄마도 무릎을 치며 말했습니다.

창현이 엄마 얘기를 들은 같은 반 엄마들도 대찬성이었습니다.

그 날부터 창현이네 반 엄마들은 돌아가면서 동네 순찰을 돌았습니다.

엄마들은 담배 피우는 아이, 다른 아이를 괴롭히는 아이들을 야단도 치고, 달래기도 해서 돌려보냈습니다.

어떤 날은 가출한 중학생 아이를 데려와 먹이고 재워 집으로 돌려보낸 적도 있습니다.

엄마들이 순찰을 돈 지 한 달이 지났습니다. 영등포 엄마 규찰대는 근처에서도 유명해졌습니다.

그러던 어느 월요일 아침, 전체 조회 시간이었습니다.

교장선생님이 얼굴 가득 웃음을 띠고 창현이와 창현이 엄마를 불렀습니다.

창현이가 깜짝 놀라 돌아보니, 언제 오셨는지 엄마가 옆에 서 계셨습니다. 창현이와 엄마는 구령대 앞으로 나갔습니다.

"오늘은 우리 학교에 아주 기쁜 일이 있습니다. 이번에 경찰서에서 김창현 군과 어머님께 용기 있는 시민상을 주기로 했습니다."

아이들과 선생님들이 학교가 떠나가라 박수를 쳤습니다. 창현이는 얼굴이 빨개졌습니다.

"여러분이 지금처럼 마음놓고 다닐 수 있게 된 것은 친구를 위해 몸을 아끼지 않은 김창현 군의 용기있는 행동과 어머님들의 노력 덕분입니다. 누구나 옳지 않은 것을 보고 분개하기는 쉽습니다. 그러나 자신을 희생해서 그것을 바로잡기는 어렵습니다. 공부를 잘하는 것도, 운동을 잘하는 것도 좋습니다. 하지만 무엇보다 중요한 것은 훌륭한 사람이 되는 것입니다. 여러분도 창현 군과 같이 의리 있고 용기있는 어린이가 되길 바랍니다."

교장선생님이 창현이의 머리를 쓰다듬어 주시며 메달을 걸어 주었습니다.

메달을 목에 걸고 돌아서는 창현이 눈에 손이 떨어져라 박수치는 연재가 보였습니다. 창현이는 활짝 웃으며 힘차게 손을 흔들었습니다.

폴 알렌이라는 좋은 친구를 둔 빌 게이츠

1955~ 미국의 기업가

마이크로소프트사는 세계에서 제일 가는, 컴퓨터 소프트 프로그램을 개발하는 회사입니다.

이 회사의 사장인 빌 게이츠가 컴퓨터와 인연을 맺은 것은 중학교 때였습니다.

당시 중학교 2학년이던 빌 게이츠는 컴퓨터실로 들어가려다 시커먼 그림자를 보고 깜짝 놀랐습니다.

"누구야?"

무서움에 질린 빌 게이츠 앞에 나타난 건 빌 게이츠보다 두 살 위인 선배 폴 알렌이었습니다.

컴퓨터 박사라고 해도 될 만큼 컴퓨터에 대해 많이 알고 있던 폴 알렌은 빌 게이츠에게 컴퓨터에 관해 여러 가지를 알려 주었습니다.

그 후 두 사람은 친형제 이상으로 가깝게 지내며 컴퓨터 연구에 빠져들었습니다. 그 당시만 하더라도 학교에는 컴퓨터 관련 과목이 없었기 때문에 빌 게이츠와 폴 알렌은 직접 책을 뒤적이거나 컴퓨터를 잘 아는 사람들을 찾아다니며 궁금증을 해결해야 했습니다.

그 무렵 빌 게이츠의 반 친구들도 컴퓨터에 관심을 갖기 시작했습니다. 컴퓨터에 빠져 버린 아이들은 다른 공부보다 컴퓨터에 더 많은 시간을 투자했습니다.

폴 알렌은 앞으로는 단순한 계산만 하는 컴퓨터가 아닌 여러 기능을 가진 컴퓨터가 필요할 것이라고 생각했습니다. 또 머지않아 한 사람에 한 대의 컴퓨터가 필요한 시대가 올 것이라고 생각했습니다.

그렇게 의기투합하여 늘 컴퓨터에 대한 연구를 게을리하지 않았던 두 사람은 마침내 소형 컴퓨터의 소프트웨어를 개발해냈습니다.

그리고 빌 게이츠는 다니던 대학을 중퇴하고 컴퓨터 회사인 마이크로소프트사를 세웠습니다. 그 때도 빌 게이츠의 옆에는 폴 알렌이 있었습니다. 혼자였다면 회사를 세울 엄두도 못 냈겠지만, 든든한 폴 알렌이 곁에 있어 가능한 일이었지요.

그 후 빌 게이츠의 회사는 나날이 번창해 나가 오늘날까지 세계 제일의 소프트 프로그램 개발 회사로 우뚝 서 있습니다.

혼자 힘으로 해 나가기 힘들다고 느낄 때 옆에서 누군가가 용기를 북돋워 준다면 커다란 힘이 될 것입니다.

그런 역할을 해 줄 수 있는 친구야말로 무엇과도 바꿀 수 없는 커다란 재산입니다. 나에게 힘이 되어 줄 수 있는 친구가 있는지, 또 나의 말 한 마디를 필요로 하는 친구가 없는지 지금 주위를 한번 둘러보세요.

동식이의 공장 방문기

"어휴, 이게 방이니, 돼지우리니? 정리 좀 해라, 응?"

엄마는 오늘도 동식이 방을 청소하며 소리쳤습니다.

동식이 방은 발 디딜 틈이 없습니다. 옷걸이에는 흙이 잔뜩 묻은 체육복이 걸려 있고, 방구석에는 시커먼 양말이 굴러다닙니다.

이불 위에 앉아서 라디오를 고치고 있던 동식이는,

"어! 여긴 손 대지 마. 나사 없어진단 말이에요."

하고 소리치며 아무렇지도 않게 소시지 껍질을 홱 집어던집니다.

"그래, 방에서 벌레가 나오든 말든, 맘대로 해."

엄마는 그렇게 말하고 걸레를 놓고 나가 버렸습니다.

동식이는 4학년입니다. 특기는 방 어질러놓기고, 취미는 물건 뜯어 보기입니다.

어릴 때부터 장난감을 주면 그걸 가지고 노는 게 아니라 뜯어서 어떻게 생겼나 보았대요.

한번은 동생 인형을 훔쳐다가 팔과 다리를 물어뜯은 일도 있었습니다. 팔다리가 어떻게 움직이는지 궁금해서요.

그런 동식이를 보며 엄마는 과학에 소질이 있다고 좋아하셨답니다. 동식이는 4학년밖에 안 되었지만 벌써 웬만한 기계는 다 고칩니다. 전구 갈아 끼우기나 콘센트 고치기는 식은 죽 먹기고, 컴퓨터도 작은 고장은 스스로 고칩니다.

하지만 동식이에게는 그런 재주 못지 않게 천부적으로 타고난 재주가 또 하나 있습니다. 바로 방 어지르기입니다.

동식이는 엄마가 방청소 하라고 하면 이렇게 대답합니다.

"원래 위대한 과학자는 건망증도 심하고 지저분하대요. 천재는 방 청소 같은 것엔 신경쓸 겨를이 없죠."

5월 어느 날이었습니다.

"이번에 과학상자 조립 대회가 있는데, 나가고 싶은 사람?"

선생님 말에 아이들은 서로 눈치만 보았어요.

그 때 동식이가 손을 번쩍 들었습니다.

"동식이는 작년에도 물로켓 쏘아 올리기에서 최우수상을 탔지? 그럼 동식이랑 반장 수아랑 둘이 나갈래?"

동식이는 얼굴이 빨개졌습니다. 수아는 마음씨도 착하고 공부도 잘 해서 동식이가 좋아하기 때문입니다. 그런 수아 앞에서 마음껏 실력 발휘를 하게 되었다고 생각하니 웃음이 절로 나왔습니다.

수업이 끝나자 선생님은 동식이와 수아를 따로 부르셨습니다.

"이번에는 과학상자 4호야. 5월 4일 3시까지 과학실에 모이면 돼. 동식이는 혼자만 잘하려고 하지 말고, 수아 좀 도와 줘라."

선생님의 말씀에 수아는 동식이를 보며, "잘 부탁해." 하고 웃었습니다. 동식이는 하늘을 날아갈 것 같았습니다.

드디어 대회 날입니다. 학교에서 온 동식이는 서둘러 준비물을 챙겼습니다. 이번 과학상자는 우주비행선입니다.

동식이는 벌써 몇 번이나 연습했는지 모릅니다. 우주비행선이라면 이제 눈 감고도 만들 수 있습니다. 동식이는 설명서를 보며 도구를 챙겼습니다.

"나사, 볼트, 너트, 드라이버. 어? 십자드라이버 어디 갔지?"

어제까지만 해도 분명히 있던 드라이버가 보이지 않습니다.

"동희야! 너, 내 드라이버 가져갔지?"

동식이는 학원 가는 동희를 불러 세웠습니다.

"아니, 내가 오빠 드라이버를 뭐 하러 가져가."

"너, 어제 내 방에서 컴퓨터 썼잖아. 그 때 가져간 거 아냐?"

그 때 엄마께서 나오셨습니다.

"네가 물건 안 챙기고 왜 동생한테 그러니? 동희야, 얼른 학원 가라."

대회 시간은 30분밖에 안 남았는데 큰일입니다. 동식이는 하는 수 없이 집에 있던 일자드라이버를 챙겼습니다.

"드라이버는 됐고, 앵글판은 있고, 와셔. 어? 엄마, 엄마! 내 와셔 못 봤어요?"

빨래하던 엄마께서 고무장갑을 끼고 뛰어오셨습니다.

"와셔가 뭔데? 또 뭐가 없어?"

엄마,
내 와셔
못 봤어요?

"나사 조일 때 쓰는 거 있단 말이에요. 엄마가 어제 청소할 때 치운 거 아니에요?
난 몰라. 늦었어."

동식이는 괜히 엄마께 신경질을 부리며 뛰어나갔습니다.

학교에 도착하니 선생님과 아이들이 모두 와 있었습니다.

"자, 주어진 시간은 한 시간이에요. 남의 것을 대신해 주면 둘 다 탈락입니다.
그럼 최선을 다하기 바랍니다."

선생님 말씀이 끝나자마자 동식이는 조립을 하기 시작했습니다.

앵글판에 날개를 맞춰 나사를 끼웠습니다. 하지만 일자드라이버라서 자꾸 손이

헛돌았습니다. 간신히 조립을 했습니다.

50분이 지났습니다. 이제 마지막 작은 나사만 돌리면 됩니다. 그런데 너무 작아서 손으로는 아무리 해도 잡히지 않습니다.

"와셔만 있으면 식은 죽 먹긴데……."

옆을 보니 수아도 와셔를 쓰고 있습니다.

"수아야, 와셔 좀 빌려 줄래?"

동식이는 작은 소리로 물어 보았습니다.

"그래. 근데 내가 오래 걸릴 것 같은데."

동식이는 초조하게 수아가 다하기를 기다렸습니다. 하지만 수아는 나사 하나 조이는데도 한참 걸렸습니다. 마감 시간 일이 분 남았을 때 수아가 다했습니다.

동식이는 와셔를 받았습니다. 하지만 마음이 급해서 손이 덜덜 떨렸습니다. 동식이가 나사를 채 끼우기도 전에 종이 쳤습니다.

아이들은 작품을 내고 나갔습니다.

"어떡하니, 내가 너무 늦게 하는 바람에. 미안해, 동식아."

수아도 나가고 교실에는 동식이 혼자 남았습니다.

"시간 다 됐다. 이제 그만 나가라."

동식이는 하는 수 없이 만들다 만 우주비행선을 내고 나왔습니다.

씩씩거리며 돌아온 동식이는 의자에 털썩 앉으며 컴퓨터를 켰습니다. 그 때, 방석 밑에 뭔가 딱딱한 것이 느껴졌습니다. 방석을 들춰 보니 그렇게도 애타게 찾던 와셔입니다. 동식이는 와셔를 보고 그만 엉엉 울고 말았습니다.

아빠가 퇴근하자마자 동식이에게 물었습니다.

"그래, 오늘 대회는 잘했니?"

72

와셔가
여기 있었네.

"아뇨."

동식이는 하도 울어서 벌겋게 부은 눈으로 대답했습니다.

"아니, 왜? 어려웠어?"

"그게 아니고요."

동식이는 아빠께 낮에 있었던 일을 말씀드렸습니다. 얼굴이 굳어진 아빠는 뭔가 생각하시더니 말했습니다.

"동식아, 이번 토요일에 엄마랑 동희랑 아빠 공장으로 와라. 근처에서 고기 사 줄게. 위로의 뜻으로 말이야."

야단을 들을 줄 알았던 동식이에겐 뜻밖이었습니다.

토요일이 되어서 공장에 갔습니다. 동식이 아빠는 컴퓨터 부품 공장에 다니십니다.

"어, 동식이, 동희 왔구나. 조금만 기다릴래? 금방 끝날 거야."

동식이는 기다리는 동안 공장을 둘러보았습니다. 공장은 지저분할 줄 알았는데 집보다 더 깨끗하게 정리가 돼 있었습니다.

"아빠, 공장이 무척 깨끗하네요?"

"얼마 전까지만 해도 아주 지저분했단다. 그런데 사장님이 새로 오시면서 달라졌어."

아빠는 부품을 끼우며 말씀하셨습니다.

"어떻게요?"

"처음에 오자마자 며칠 동안은 청소만 시키는 거야. 주변 환경이 깨끗해야 작업 능률도 오른다고. 사람들은 불만이 많았지. 물건만 많이 만들면 되지 청소가 무슨 상관이냐고. 집에서도 안 하는 청소를 여기서 시킨다고 말이야. 그런데 청소를 해 놓으니까 훨씬 좋더라고."

아빠는 공구들을 정리하며 말했습니다.

"뭐가 좋은데요?"

"물건이 제 자리에 있으니까 찾아다닐 필요도 없고, 정리가 잘 되어 있어서 안전사고도 많이 줄었지. 환경이 깨끗하니까 건강에도 좋고 말이야. 이제는 누가 시키지 않아도 작업이 끝나면 으레 청소부터 한단다."

잠시 뒤 종이 울렸습니다. 그러자 아저씨들은 여기저기서 빗자루를 들고 청소하기 시작했어요. 대걸레를 빨아서 바닥을 닦는 사람, 마른걸레로 기계를 손질하는 사람.

가만히 서 있기가 민망해진 동식이와 동희도 아빠를 도와 바닥을 쓸기 시작했어요.
청소를 하다 보니 생각보다 재미있었습니다.

"와, 우리 동식이가 청소하는 재주도 있었네?"

엄마께서 놀리듯 말씀하셨습니다.

밥을 먹고 집에 온 동식이는 제 방을 정리하기 시작했어요. 그 모습을 본 엄마와
아빠는 흐뭇한 미소를 지었습니다.

작은 것에서 큰 것을 지향한 영국 수상 **처칠**

1874~1965 영국의 정치가

영국의 정치가인 처칠은 어렸을 때 전쟁놀이를 좋아하는 개구쟁이였습니다.

가정 교사가 올 시간이 되면 마당에 있는 나무 뒤에 숨어서 가정 교사를 골탕먹이기 일쑤였습니다. 학교에서 장난치다가 선생님께 꾸중을 듣는 것도 언제나 처칠이었습니다.

고등학교에 입학한 후에도 학교 성적은 그다지 좋지 않았습니다. 그러자 선생님과 아이들은 저마다 한 마디씩 했습니다.

"재무 장관 아들이 뭐 저래!"

"아버지만 똑똑하지 아들은 아무 것도 아니잖아."

처칠은 아버지를 욕되게 해서는 안 되겠다고 마음먹었습니다.

'그래, 지금부터 공부해도 늦지 않아.'

그 날부터 처칠은 사관학교를 목표로 열심히 공부했습니다.

처칠은 세 번 도전한 끝에 사관학교에 합격했습니다. 하루하루 긴장 속에서 보내야 하는 사관학교의 생활은 생각보다 어려웠습니다.

자신의 물건을 좁은 사물함 안에 정리정돈하는 것도 익숙하지 않았습니다. 하지만 자신의 물건들을 가지런히 정리하자 마음도 한결 안정되는 것 같았습니다.

여기저기 물건을 어질러놓았을 때보다 공부할 때 집중도 더 잘 되었고, 물건을 찾을 때 어디에 뭐가 들었는지 몰라 한참을 뒤적일 때보다 시간도 절약되었습니다.

그렇게 작은 것에서부터 규칙을 지켜나가기 시작하자 사관학교의 엄격한 규율

속에서 생활하는 것도 차차 적응이 되어 갔습니다.

좋은 성적으로 사관학교를 졸업한 처칠은 그 후에 수많은 전쟁에 참가하여 많은 공을 세웠습니다. 그뿐 아니라 영국의 수상으로 있을 때 일어난 제2차 세계 대전에서는 국민들과 하나가 되어 전쟁을 승리로 이끌었습니다.

혹시 여러분 중에 열심히 공부하는데 성적이 오르지 않거나 주위가 산만하다는 소리를 듣는 사람이 있나요?

그렇다면 우선 자신의 주변을 깨끗하게 정리 정돈해 보세요. 여기저기 나뒹구는 책이나 장난감을 한쪽에 정리해 놓는다면 마음 또한 한결 안정이 될 거예요.

실패를 두려워하지 않는다

실패를 거울삼아 한 걸음 전진!

찬수의 꿈은 월드컵 대회에서 피파컵을 안아 보는 것입니다. 바로 최고의 축구 선수를 꿈꾸는 것이지요.

2002년 월드컵에서 우리 나라가 4강 신화를 이루었을 때 찬수는 남의 일이 아닌, 바로 자신의 일처럼 느껴져 가슴이 벅차 오르기도 했습니다.

찬수는 자신의 꿈을 이루기 위해 늘 노력합니다.

비록 선배들이 주전 대부분을 차지하고 있지만, 평상시는 물론 합숙할 때도 어느 선수보다 최선을 다합니다.

지금은 팀 최고의 에이스 선수인 6학년 정수 형처럼 되는 것이 목표입니다. 그러나 나중에는 꼭 최고의 멀티 플레이어가 될 것입니다.

요즘 축구부에서는 강도 높은 훈련을 하고 있습니다. 곧 중요한 시합이 있기

때문입니다.

입에서 단내가 나는 훈련 때문에 다른 선수들은 무척 힘들어하는데 찬수는 즐겁기만 합니다.

물론 이번 축구 경기에서 찬수가 주전으로 뛸 가능성은 별로 없지만 찬수는 늘 최선을 다해 준비해야 한다고 생각합니다.

연습을 마치고 집으로 돌아오니 엄마가 오늘도 못마땅한 얼굴로 찬수를 맞이합니다.

"또 축구 연습했니?"

"네……."

찬수는 학교에서와는 달리 조그마한 목소리로 말합니다.

사실 엄마는 찬수가 축구하는 것을 싫어합니다.

축구보다는 열심히 공부해서 변호사가 되었으면 합니다. 그런 엄마와 여러 번 마찰을 빚은 끝에 우선 초등학생 때까지는 찬수가 원하는 대로 마음껏 뛰고 중학교에 가서 다시 결정하기로 했습니다. 하지만 엄마는 찬수가 하루라도 빨리 축구를 그만두었으면 합니다.

드디어 경기 날입니다. 제법 큰 경기라 학교 아이들과 부모님들까지 응원을 나왔습니다. 아침에 아빠는 꼭 오겠다고 했고 엄마는 아무 말씀도 하지 않았습니다.

찬수는 엄마가 한번 와서 경기하는 것을 봤으면 하는 마음도 있는 한편에 오늘 선발되지 않으면, 아니 나중에 교체 선수로 투입되지 않으면 어쩌나 하는 불안한 마음도 있었습니다.

역시 찬수는 선발 선수로 뽑히지 못했습니다. 하지만 흙먼지가 풀풀 날리는 운동장을 바라보면서 찬수는 목이 터져라 응원했습니다. 경기는 생각보다 잘 풀리지 않았습니다. 두 팀 다 실력이 비슷해서 그런지 좀처럼 골 기회가 오지 않았습니다.

전반전은 득점 없이 끝났습니다.

찬수는 선수들을 위해 물주전자를 들고 뛰었습니다. 감독님은 쉬지 않고 후반전 작전을 지시했습니다. 찬수는 감독님 말에도 귀를 기울이면서 주전 선수들에게 물을 돌렸습니다.

힘찬 파이팅 소리와 함께 후반전이 시작되었습니다.

"정수 형, 파이팅! 파이팅!"

찬수는 목이 터져라 외쳤습니다. 그 순간, 정수의 중거리 슛이 상대 골문을 시원하게 뚫고 지나갔습니다.

"이야호!"

"골인이다!"

선수들이 서로 얼싸안고 방방 뛰었습니다. 찬수도 가지고 있던 수건을 마구 돌리며 기뻐했습니다.

후반전이 조금 지나자 갑자기 감독님이 찬수를 불렀습니다.

"찬수야!"

형들을 응원하던 찬수는 날쌔게 달려갔습니다.

"네, 감독님."

"뛸 준비해라. 1점이라도 지켜야겠어. 찬수는 연습도 열심히 했으니까 잘할 수 있을 거야."

찬수는 가슴이 두근거렸습니다. 드디어 출전입니다.

그 동안 친선 경기는 몇 번 뛰어 봤지만, 이렇게 큰 대회는 처음입니다. 꾸준히 준비를 해 왔어도 막상 뛰려니 흥분이 되었습니다.

경기장에 들어가자마자 찬수는 열심히 뛰었습니다. 흙바닥이지만 대담하게 태클도 해 보고 요리조리 공을 빼돌려 공격수에게 패스를 하기도 했습니다.

"정찬수! 잘한다!"

어디선가 찬수의 이름을 부르는 소리가 들려왔습니다. 잠시 공이 하프라인을 넘어가 있는 사이 관람석을 보니 아빠와 엄마 얼굴이 보였습니다.

'아, 엄마가 오셨다!'

찬수는 더욱 긴장했습니다.

'이번에야말로 기회야. 열심히 하면 엄마도 나를 인정해 줄 거야.'

찬수는 마음을 다잡고 두 주먹을 불끈 쥐었습니다.

그 때 상대 팀 선수가 공을 몰고 돌진해 왔습니다. 갑자기 어디서 그런 속력이 났는지 마치 제트기처럼 공을 몰고 단숨에 찬수 팀 영역으로 달려왔습니다. 찬수는 재빨리 수비 태세를 갖추었습니다.

"정찬수, 수비! 수비!"

감독님과 선수들이 찬수에게 외쳤습니다. 상대 선수가 찬수를 향해 냅다 달려오고 있었기 때문입니다. 게다가 공을 몰고 들어오는 건 상대 팀 주장 선수였습니다.

"좋아, 해 보자구!"

찬수는 상대 선수를 향해 달려갔습니다. 찬수와 마주선 상대 선수는 두 발 사이에 공을 놓고 찬수를 노려보았습니다. 찬수도 기 싸움에 지지 않으려고 두 눈을 부릅떴습니다.

"뭐야, 꼬마잖아."

상대 선수가 빈정거렸습니다.

"누구보고 꼬마래!"

하고 찬수가 말하는 찰나 상대 선수가 찬수를 왼쪽으로 감고 스쳐갔습니다. 찬수는 공을 쫓아 열심히 뛰었습니다. 하지만 상대 선수는 어느새 골문 앞까지 오고야 말았습니다.

상대 선수가 공을 차려는 순간, 큰일이다 싶어진 찬수는 미끄러지면서 공을 밖으로 쳐냈습니다. 하지만 그 순간, 믿을 수 없는 일이 일어나고 말았습니다.

"골인이다!"

"헤헤, 자살골이야!"

찬수는 운동장에 쓰러져 골대를 바라보았습니다.

자살골입니다. 찬수가 밖으로 쳐내려 한 공이 빗맞고 그대로 골인이 된 것입니다.

상대 진영에서는 좋아서 난리가 났습니다. 어떤 선수는 공중제비까지 넘고 그야말로 야단법석이었습니다. 그에 반해 찬수 팀은 거의 초상집 분위기였습니다.

경기는 그대로 끝이 났습니다. 무승부입니다. 만약 찬수가 자살골만 넣지 않았더라면 이기는 경기였습니다. 찬수는 다른 선수들과는 멀리 떨어져 쭈그리고 앉아 눈물을 흘렸습니다.

'바보 정찬수. 이 바보야, 하필이면 이렇게 중요한 경기에서.'

찬수는 팔뚝으로 눈물을 훔쳤습니다. 먼지에 땀에 눈물이 뒤범벅이 되어 얼굴이 얼룩졌습니다.

그 때 등 뒤에서 누가 부르는 소리가 났습니다.

"찬수야."

엄마였습니다. 찬수는 얼른 일어났습니다. 하지만 여전히 흐르는 눈물 때문에 고개를 들 수 없었습니다.

"오늘 경기 잘 봤다. 그런데 엄마, 실망했어."

그 순간 찬수는 가슴 깊숙한 곳에서 무언가 울컥 치밀어 올라 그만 울음을 터뜨리고 말았습니다. 엄마는 그런 찬수를 꼭 껴안으며 말했습니다.

"엄마 눈에는 최고의 선수로 보였는데 자살골 때문에 혼자 울고 있다니. 실수 한 번 때문에 울기에는 실력이 아깝던데. 이렇게 마음이 약해서 어떻게 월드컵에 나가?"

찬수는 생각지도 않았던 엄마의 따뜻한 말에 더욱 서럽게 울었습니다.

그 때 정수 형이 뛰어왔습니다.

"찬수야, 뭐해. 감독님이 맛있는 거 사 주신대. 가자."

"어, 형. 있지 나는……."

찬수는 다른 선수들에게 미안해서 머뭇거렸습니다. 그 모습을 보고 정수가 찬수의 어깨를 툭 치며 말했습니다.

"뭐야, 자살골 때문에 그래? 임마, 까짓 실수 한 번 한 걸 가지고 뭘 그래. 왕년에 자살골 안 넣어 본 사람이 어딨어. 다음에 잘하면 돼. 빨리 와."

정수가 손짓을 하며 먼저 뛰어갔습니다.

엄마도 고개를 끄덕이며 어서 가라고 했습니다.

그제야 찬수 얼굴에 살며시 웃음이 떠올랐습니다.

연이은 실패를 극복한 미국 대통령 링컨

1809~1865 미국 제16대 대통령

미국 제16대 대통령 링컨은 켄터키 주의 한 가난한 농부의 아들로 태어났습니다. 워낙 가정 형편이 어려워 학교는 거의 다니지 못했지만 틈틈이 책을 읽으면서 혼자 공부했습니다.

하루는 빌려온 책을 읽다가 창가에 둔 채 잠이 들었습니다. 그런데 그만 밤새 비가 오는 바람에 책이 흠뻑 젖고 말았습니다. 링컨은 못쓰게 된 책을 들고 주인을 찾아가 사정을 얘기하고 용서를 빌었습니다.

"아저씨, 죄송합니다. 제가 실수를 해서 그만 책을 못쓰게 만들었어요. 돈은 없으니까 며칠 일을 도와 드려서 책값을 대신하고 싶은데, 그래도 될까요?"

링컨의 정직함에 감동한 주인은 책을 그냥 선물로 주었습니다.

책을 손에서 놓지 않았던 링컨은 독학으로 변호사 시험에 합격해 27세에 변호사가 되었습니다. 늘 약한 사람을 위해 열심히 일한 링컨은 주 의회 의원으로도 일했습니다.

1855년, 미국 남북이 노예 문제로 대립하고 있을 때 링컨은 공화당에 들어가 노예 해방을 주장하였습니다. 그리고 마침내 1860년에 미국 제16대 대통령에 당선되었습니다.

링컨이 주장한 노예 해방 문제는 쉽게 매듭지어지지 못하고 남북 전쟁으로 이어 졌습니다. 노예 제도를 지지하는 남군과 노예 해방을 주장하는 북군의 싸움은 4년 동안이나 계속되었습니다.

전쟁이 끝난 후 링컨은 '국민의, 국민에 의한, 국민을 위한 정부'라는 말을 남겨

미국 민주주의 확립에 커다란 기틀을 마련하였습니다.

지금도 링컨은 미국 최고의 대통령으로 꼽히지만 그의 삶은 그다지 평탄하지 않았답니다.

1832년에 직장도 잃고 선거에서도 떨어졌으며, 이듬해에는 사업에도 실패했습니다. 1836년에는 신경통으로 고생하고 1848년 의원 지명에서 낙선하고 이듬해 재지명전에서도 낙선했습니다.

그러나 계속되는 실패에도 좌절하지 않고 다시 도전한 링컨은 결국 미국을 세계 강국으로 만든 대통령이 되었습니다.

실패는 부끄럽고 창피한 것이 아닙니다. 실패를 극복하고 그로 인해 자신에게 도움이 될 수 있는 무언가를 발견하는 사람이 정말 우등생이며 나중에도 큰 사람이 될 수 있는 것입니다.

10 리더십을 키운다

리더냐, 대장이냐!

별나 초등학교 5학년 학생들은 강원도로 2박 3일 동안 수련회를 떠납니다. 선생님들은 극기 훈련도 하고 밤에 담력 훈련도 한다고 엄포를 놓았지만, 아이들은 그저 공부 안 하고 놀 생각에 신이 날 뿐입니다. 고속버스를 타고 도착한 강릉의 수련원은 산 속 깊은 곳에 있었습니다. 버스에서 내려 한 시간 반을 걸어야 했지만 불평하는 학생들은 없었습니다. 오히려 메뚜기를 잡네, 방아깨비를 잡네, 네가 잡은 건 사마귀네, 아니네 하며 정신 없었습니다.

드디어 도착한 곳은 야트막한 언덕에 근사한 통나무집이 늘어선 곳이었습니다.

"우와!"

"캡이다!"

아이들은 입을 다물지 못하고 탄성을 질렀습니다. 1반 선생님이 조금 높은 곳에

올라서서 메가폰을 잡고 말했습니다.

"아아, 조용히. 우선 각자 정해진 방으로 들어가서 짐을 풀도록. 그리고 몇 가지 주의 사항을 주겠습니다. 혼자 돌아다니지 말 것, 나무 열매나 버섯 등을 함부로 따먹지 말 것, 나뭇가지 꺾지 말 것……."

계속되는 선생님 말씀에 현식이가 중얼거렸습니다.

"에이, 재미없어. 뻔한 얘기."

하지만 곧 선생님 말에 귀가 솔깃해졌습니다.

"그리고 각 반마다 반을 이끌 리더를 뽑아 주세요."

현식이는 가슴이 설레었습니다.

'리더? 리더면 대장이잖아. 여기서 리더가 되면 재미있겠는데? 다른 사람이 하기 전에 내가 먼저 하겠다고 해야지.'

그렇게 해서 현식이는 3반 리더가 되었습니다.

이튿날 산행을 하기로 했습니다. 이번에도 선생님이 주의 사항을 주었습니다.

"산에 오를 때는 길 잃지 않도록 조심할 것. 그리고 벌집 건드리지 말고 땅에 난 구멍 함부로 쑤시지 말고……."

"아~ 또 연설 길어지네."

현식이가 짜증을 냈습니다. 선생님은 계속 말을 이었습니다.

"그리고 오르는 순서대로 각 반마다 점수를 매길 거다. 나중에 합산해서 우승하는 반한테는 상품을 줄 거야. 그러면 준비된 반부터 출발하도록."

상품 준다는 말에 현식이는 귀가 쫑긋해졌습니다. 꼭 우승을 해서 리드를 잘했다는 소리를 듣고 싶었습니다.

현식이는 앞에 나서서 아이들에게 소리쳤습니다.

"야야, 줄 잘 맞춰. 그리고 꼭 우리 반이 먼저 오르는 거야. 그래야 상을 받지."

현식이 말에는 상관없이 아이들은 상쾌한 공기를 잔뜩 들이마시면서 재잘거렸습니다. 현식이는 잔뜩 인상을 찌푸리며 외쳤습니다.

"야, 정미정. 내 말 들었어? 떠들지 말고 이따 잘 따라와."

미정이는 입을 샐쭉 내밀고 중얼거렸습니다.

"칫, 지가 뭐 대장이야?"

현식이는 미정이 말을 무시하고 앞장서서 걷기 시작했습니다. 산은 보기보다 험했습니다. 게다가 아직 따가운 가을 햇볕에 아이들은 금방 지쳤습니다.

"헥헥, 아이구 힘들어. 더 이상 못 가, 못 가."

미정이가 손사래를 치며 주저앉았습니다. 그러자 앞서 올라가던 현식이가 내려와 소리쳤습니다.

"정미정, 여기서 주저앉으면 어떡해! 너 때문에 우리 반이 늦어지잖아. 빨리 일어나."

"힘드니까 좀 쉬었다 가자. 다른 반도 쉬잖아. 저기 봐."

미정이는 턱으로 아래를 가리켰습니다. 하지만 현식이는 본 척도 않고 다짜고짜 미정이 손을 잡아끌었습니다.

"우리 반이 일등 해야 한단 말이야. 어서 일어나."

보다 못한 아이들이 현식이를 말렸습니다.

"현식아, 그만해. 미정이뿐만 아니라 다들 힘들어해."

"맞아. 쉬지 않고 계속 올라오기만 했으니까 힘든 것도 당연하지."

현식이는 누구의 말도 귀에 들어오지 않았습니다. 오직 자신이 이끄는 반이 일등을 해야 한다는 생각뿐이었습니다. 현식이의 성화에 아이들은 할 수 없이 미정이를 부축하고 산행을 계속했습니다. 3반은 현식이의 희망대로 일등은 하지 못했지만

6반과 간발의 차이로 이등을 했습니다.

그 날 밤, 각 반 대항 장기자랑이 있었습니다. 이번 장기자랑도 점수를 매긴다는 말에 현식이는 이번에야말로 자기 반이 일등을 해야 한다고 생각했습니다. 그래서 아이들과 모여 앉아 이야기를 나누었습니다.

"이번 장기자랑에서는 우리 반이 꼭 일등하자. 아까 산에 오르는 건 누구 때문에 이등 했지만."

현식이는 그렇게 말하면서 미정이를 흘겨보았습니다. 미정이는 기가 막히다는 듯 콧방귀를 뀌었습니다. 뭐라고 하려는 미정이를 말리며 안진이가 나섰습니다.

"그래, 아까도 잘했으니까 이번에도 잘할 수 있을 거야."

"그러면 뭘 하는 게 좋을까? 연극? 아니면 이런 춤?"

인철이가 개다리춤을 추는 바람에 아이들은 금방 웃음을 터뜨렸습니다. 하지만 현식이는 웃지도 않고 아이들에게 말했습니다.

"장기자랑은 코미디 프로그램에서 하는 콩트 하겠다고 선생님께 말씀드렸어. 갈갈이 말이야. 요즘 가장 인기 있잖아."

그러자 진수가 말했습니다.

"야, 그걸 너 혼자 결정하는 게 어디 있어. 다 함께 의논해야지."

"맞아. 네 멋대로 정한 건 잘못한 것 같아."

소정이가 말하자 현식이가 더욱 소리 높여 말했습니다.

"다른 반들은 뭘 할까 고민하는데 내가 먼저 정하면 그만큼 연습할 시간도 버는 거잖아. 그리고 우리 반이 먼저 말했으니까 다른 반에서도 하지 못할 거야. 자, 그리고……."

현식이가 바지에서 종이를 꺼내 말을 이었습니다.

"갈갈이는 앞니가 툭 튀어나온 진수가 하고, 못생기고 키 작은 옥동자는 인철이가 비슷하게 생겼으니까 하고, 잘생긴 사람은 내가 할게."

"야, 뭐라고? 그걸 왜 니 맘대로 정해?"

"그리고 누구보고 못생겼대!"

진수와 인철이가 화가 나 소리쳤습니다.

"맞아, 뭐든 제 멋대로야!"

수희도 입을 삐죽 내밀었습니다.

"야야, 너희들 왜 이래? 내가 우리 반 리더야. 리더 말을 들어야지."

현식이가 잔뜩 인상을 찌푸리며 말했습니다.

"리더면 다야? 몰라. 난 기분 나빠서 안 해. 현식이 너 혼자 잘해 봐라."

인철이가 벌떡 일어나 나가 버렸습니다. 현식이는 인철이가 나간 문을 매섭게 노려보았습니다. 썰렁해진 분위기에서 안진이가 다시 조심스럽게 말을 꺼냈습니다.

"현식아. 이번에는 정말 네가 실수한 거 같아. 다 함께 했으면 더 좋았을 텐데."

그러자 현식이가 빽 소리를 질렀습니다.

"모르면 가만히 있어. 네가 뭘 알아? 리더는 나야. 내가 하자는 대로 하면 된다고. 아까 산에 오를 때도 내 덕에 이등한 거잖아. 그러면 고마운 줄 알고 가만히 있어야지!"

참다 못한 진수가 소리쳤습니다.

"너 뭔가 착각하고 있나 본데, 네 멋대로 하라고 리더로 뽑아 준 게 아니야. 리더는 너처럼 막무가내로 명령하고 억지부리는 사람이 아니야. 모두를 잘 이끌고 책임지는 사람이 리더라구."

"그러니까 내가 잘해서 아까 이등했잖아. 난 잘하고 있는데 왜들 난리야."

현식이도 지지 않고 소리쳤습니다.

이번엔 미정이가 말했습니다.

"그게 뭘 이끈 거니? 억지로 끌고 간 거지. 억지부린 거잖아."

"뭐야? 고마운 줄 모르고. 너희들 이런 식으로 나오면 나도 안 해."

현식이는 들고 있던 종이를 내던지고 나가 버렸습니다.

"현식이는 자기가 리더가 아니라 무슨 대장인 줄 아는 것 같아."

진수 말에 아이들은 서로 고개를 끄덕였습니다.

비폭력 무저항주의로 영국에 맞선 간디

1869~1948 인도의 민족 지도자

간디는 인도의 명문 집안에서 태어나 영국의 런던 대학에서 법률을 공부하고 1891년에 귀국하여 변호사가 되었습니다.

소송 사건 때문에 남아프리카로 건너간 간디는 기차를 타려다가 인도인이라는 이유로 차별을 받았습니다. 그 때 인도 사람들의 권리를 보호하기 위해 반드시 인도를 영국에서 독립시켜야겠다고 생각했습니다.

제1차 세계 대전이 한창일 때, 영국은 인도가 전쟁에 협력해 준다면 인도를 바로 독립시켜 주겠다고 약속했습니다. 독립을 간절히 바라던 인도 사람들은 영국의 제의를 받아들였습니다.

하지만 전쟁이 끝나자 영국은 태도를 바꿨습니다. 오히려 '룰라트법'을 만들어 인도를 탄압하기 시작했습니다. 독립을 기대하고 있던 인도 사람들은 몹시 분노해 전국에서 거센 독립 운동을 일으켰습니다.

독립 운동에 앞장선 간디는 조국의 독립을 위해 우선 룰라트법에 항의하는 뜻으로 동맹 파업을 시작했습니다. 그리고 인도 시위대에 총을 쏘는 영국군에 대해 간디는 비폭력, 무저항, 비협조 운동으로 저항했습니다. 아무리 영국 정부가 탄압을 해도 절대 폭력을 사용하지 않겠다는 운동이었습니다.

영국 정부는 인도인을 탄압하기 위해 인도인은 절대 소금을 만들지 못하게 했습니다. 그러자 간디는 사람들과 함께 36킬로미터나 떨어진 댄디 해안으로 걸어갔습니다. 24일만에 해안에 도착한 간디는 직접 바닷물을 말려 소금을 만들어 자신의 독립

의지를 보였습니다.

영국 정부는 눈엣가시인 간디를 여러 번 감옥에 가두었습니다. 하지만 간디는 인도의 독립을 요구하며 11회에 걸쳐 단식하는 등 끊임없이 독립 운동을 계속하였습니다.

자신을 돌보지 않는 희생 정신과 애국심에 사람들은 간디를 성인으로 평가하고 있습니다. 인도 사람들은 간디를 민족의 지도자라 여기며, 간디 이름 앞에 '마하트마'라는 존칭을 붙였습니다. 마하트마는 '위대한 영혼'이라는 뜻입니다.

리더는 무리를 이끄는 사람입니다. 자신보다는 남을 먼저 생각해야 하고, 때로는 무거운 책임도 져야 합니다. 힘이 아니라 마음으로 다스릴 때 제멋대로인 대장이 아니라 진짜 리더가 될 수 있는 것입니다.

11 말보다 실천

허수아비의 춤

9월이 되었지만 어찌 된 일인지 아직 한여름마냥 덥습니다.

앞에 서 있는 선생님도, 자리에 앉아 있는 아이들도 모두 땀을 뻘뻘 흘리고 있습니다. 책상 위에 가방을 올려놓은 아이들은 선생님 종례가 끝나기만을 기다리고 있었습니다.

"자, 마지막 소식이에요. 우리 학교는 9월 13일에 가을 운동회를 할 거예요. 올해는 학년마다 각 나라 춤을 출 건데, 우리 4학년은 아프리카 춤을 출 거니까 준비물 적으세요. 검은 티, 쫄바지, 형광머리띠, 허리에 두를 은색과 금색 꽃술, 포스터 그림물감. 다 적었어요? 내일부터는 모두 체육복 입고 오세요."

선생님이 말씀하시자 아이들은 불만스럽게 떠들었습니다.

"어휴, 왜 우리만 아프리카 토인춤이에요. 6학년은 부채춤이고, 3학년은 포크댄스

라는데. 다른 걸로 바꿔 주세요."

아이들이 떠들자 선생님은 교탁을 탁탁 치셨습니다.

"자, 떠들지 말고 집중! 그리고 반마다 두 명씩 치어리더를 뽑을 거예요. 치어리더는 다른 종목엔 참가하지 않아도 돼요. 치어리더 할 사람!"

선생님 말씀이 떨어지자 아이들은 서로 저요, 저요 하며 손을 들었습니다. 선생님은 죽 둘러보았습니다. 그 때 금희가 말했습니다.

"선생님, 저희는 쌍둥이니까 연습하기도 좋고, 똑같이 생겼으니까 특이하잖아요. 저희 둘이 할게요."

달리기라면 꼴찌를 맡아놓고 하는 금희가 말했습니다. 은희도 옆에서 열심히 고개를 끄덕였습니다.

"그럼, 금희랑 은희랑 나가는 걸로 합시다. 금희랑 은희는 내일부터 방과 후에 남아서 두 시간씩 연습하세요. 그럼 이만."

선생님이 나가자 금희와 은희는 만세를 불렀습니다.

아이들은 모두 부러운 눈초리로 금희와 은희를 쳐다봤습니다.

금희와 은희는 쌍둥이입니다. 얼마나 똑같이 생겼는지 선생님도 자주 헷갈립니다.

하지만 둘의 성격은 영 딴판입니다. 금희는 무슨 일에든 적극적으로 나서지만 끈기가 없습니다. 은희는 수줍음을 많이 타지만 한번 시작했다 하면 끝장을 봅니다.

금희와 은희는 친구들 앞에서 춤을 출 생각에 마음이 부풀었습니다. 특히 금희는 좋아하는 혁이 앞에서 멋있게 춤을 출 생각에 더욱 기뻤습니다.

둘은 연습이 아무리 힘들어도 끝까지 하고야 말겠다고 다짐을 했습니다.

화요일이 되었습니다. 금희와 은희는 수업을 마치고 6학년 교실로 갔습니다. 앞에는 6학년 선생님과 어떤 언니가 서 있었습니다.

"이 언니가 여러분에게 무용을 가르쳐 줄 거예요. 일 주일밖에 없으니까 꾀피우지 말고 잘들 배워서 각 반을 빛내기 바랍니다. 특히 거기 쌍둥이, 알았죠? 이 언니 하는 것 잘 보세요."

선생님이 음악을 틀고 나가자, 앞에 있던 언니가 노래에 맞춰 무용을 하기 시작했습니다.

"잘 봤니? 지금 본 게 너희가 이번에 배울 춤이야. 오늘은 가볍게 몸 풀고, 간단한 동작부터 익혀 보자."

언니가 처음 동작을 가르쳐 줬습니다. 폴짝폴짝 뛰면서 다리를 올리고, 팔을 최대한 높이 뻗어서 그대로 좌우로 빠르게 흔드는 것입니다. 볼 때는 그리 어렵지 않았는데, 막상 해 보니 마음처럼 쉽게 되지 않았습니다.

"동작을 이렇게 크고 시원시원하게 해야 뒤에서도 잘 보이고 신이 나."

언니는 같은 동작을 두 시간 내내 시켰습니다. 하지만 아직도 아이들이 하는 것이 마음에 차지 않는 듯 고개를 갸웃거렸습니다.

"얘, 팔하고 다리하고 같이 나가면 어떡하니?"

언니가 손으로 금희 다리를 톡 쳤습니다. 금희는 기분이 나빠서 언니가 보지 않을 때 얼굴을 무섭게 찌푸리며 주먹을 흔들었습니다.

"모두 집에서 연습 많이 해 와. 주말 빼고 4일밖에 안 남았으니 큰일이다. 내일부터 연습 시간을 두 배로 늘리자. 네 시간씩 연습할 거니까 모두들 각오 단단히 하고 와."

"네 시간이나? 어휴, 지금도 힘든데."

언니의 말에 금희는 툴툴거렸습니다.

수요일 아침에 일어나니 금희와 은희는 온몸이 쑤시고 결렸습니다. 다리가 어찌나 아픈지 걸을 수조차 없었습니다. 수업이 끝나자 금희는 가방을 챙겨 운동장으로 냅다 뛰어나갔습니다.

"야, 집에 가려고? 연습 안 해?"

은희가 쫓아나와 금희를 붙잡았습니다.

"나, 너무 아파서 할 수가 없어. 오늘 하루만 쉴래. 네가 잘 말해 줘. 내일부터 열심히 하면 돼."

금희는 은희를 뿌리치고 도망갔습니다.

은희는 혼자서 6학년 교실로 갔습니다. 팔다리를 움직일 수도 없었지만 이를 악물고 연습했습니다. 두 번째와 세 번째 동작은 어제보다 훨씬 쉽게 따라할 수 있었습니다.

은희는 집에 오면서도 살짝살짝 춤을 추며 동작을 외웠습니다. 어서 많이 배워서 6학년 언니처럼 잘 추고 싶었습니다.

목요일이 되었습니다. 금희는 은희와 함께 연습실에 갔습니다. 어제 하루 빠지긴 했지만 오늘부터 열심히 하면 그까짓 거 못 따라잡을 것도 없다고 생각했습니다.

하지만 아직도 근육이 덜 풀려 뻐근하고 아팠습니다. 은희는 아프지도 않은지 열심히 춥니다.

금희도 앞에서 하는 대로 따라합니다. 하지만 한 시간도 안 했는데 덥고 숨이 차서 견딜 수가 없습니다.

쉬는 시간이 되었습니다.

"방금희, 방은희."

밖에서 같은 반 세라가 부르는 소리가 들렸습니다.

"오늘 혁이 생일이래. 애들 다 오랬는데, 너네는 못 가지?"

금희는 세라 말을 듣자 마음이 붕 뜨는 것 같았습니다. 다른 애 생일이라면 몰라도

오늘 혁이
생일이래.

혁이 생일이라는데, 절대로 빠질 수 없습니다.

"은희야, 이따 내 가방 좀 가져다 줘. 세라야, 나랑 같이 가!"

금희는 은희에게 책가방을 맡기고 세라에게 뛰어갔습니다.

'연습을 못해서 어쩌지? 에라, 모르겠다. 지금 내가 연습이 문제냐? 사랑이 걸린 문제인데. 내일부터 여덟 시간씩 하면 돼.'

어영부영하다 보니 일요일 아침이 되었습니다. 밖은 아직 어두운데 은희가 금희를 깨웠습니다.

"야, 너 아침에 연습한다며. 순서라도 익혀야지."

"몰라, 혼자 해. 난 이따가 할래."

금희는 일어날 생각도 하지 않고 손을 내젓습니다.

은희는 혼자 나가서 열심히 연습을 했습니다. 낮에도 종일 놀다 들어온 금희는 밤이 되자 슬슬 걱정이 되었습니다. 운동회는 당장 내일인데, 아직 제대로 외운 동작이 하나도 없으니까요.

"야, 나 좀 가르쳐 줘."

"그러니까 진작 열심히 하지."

은희가 아무리 가르쳐 줘도 금희는 한 동작도 제대로 못했습니다.

"그렇게 나무토막처럼 하지 말고, 부드럽게 짝짝 짜자작!"

은희가 시범을 보이자 금희는 어설프게 따라하다 펄썩 주저앉습니다. 그리고는 수첩과 연필을 내밀었습니다.

"안 되겠다. 종이에 순서나 적어 줘."

운동회 날, 금희는 은희가 적어 준 순서를 외우며 학교에 갔습니다. 금희와 은희는 짧고 반짝거리는 치마를 입고 아이들 앞에 섰습니다.

얼굴은 웃고 있지만 금희의 가슴은 어찌나 두근거리는지 터질것 같습니다.

운동회가 시작되고 각 반에서 대표로 나온 아이들이 꽃술을 들고 무용을 하기 시작했습니다.

금희는 머리 속이 하얘지고, 팔다리가 뻣뻣하게 굳는 것 같습니다. 은희는 6학년 언니처럼 흥겹게 잘 춥니다.

금희는 허수아비처럼 어정쩡하게 서서 은희를 따라 하다가 꽈당 넘어졌습니다.

"하하! 허수아비를 세워놔도 쟤보단 잘하겠다."

혁이가 손가락질을 하며 놀리자 아이들이 일제히 웃었습니다. 은희는 안타까운 얼굴로 금희를 바라봤습니다. 금희는 어쩔 줄 모르고 서서 음악이 끝나기만을 기다렸습니다.

운동회가 끝나고 선생님이 은희와 금희를 부르셨습니다.

"은희는 정말 잘했다. 수고했어. 방금희! 자신 있다더니 그게 뭐니?"

"시간이 없었어요. 하루만 더 있었으면 잘했을 텐데……."

금희가 중얼거렸습니다.

"다른 애들은 다 했는데, 너만 왜 시간이 없어! 너 게으름 피운 걸 선생님이 들어서 다 아는데. 말로만 잘하겠다고 하지 말고 실천을 좀 해 봐. 응?"

선생님의 말씀에 금희는 얼굴을 들 수 없었습니다.

노벨 평화상을 수상한 **테레사 수녀**

1910~1997
인도에서 활동한 박애주의자

　1910년 동유럽 알바니아에서 태어난 테레사는 독실한 천주교 신자였던 부모님 덕분에 어려서부터 자연스럽게 성당에 다녔습니다.

　16살이 되던 해 테레사는 봉사 활동을 하고 돌아온 선교사에게 힘들게 생활하는 인도 사람들의 이야기를 들었습니다. 그 날부터 테레사는 하느님께 간절히 기도드렸습니다.

　"하느님, 불쌍한 인도 사람들을 돕고 싶어요. 저를 인도로 보내 주세요."

　그러던 어느 날이었어요. 테레사는 수녀님에게 토레스 수녀원에 가서 수녀 수업을 받지 않겠냐는 제의를 받았습니다. 테레사는 기쁨을 감출 수 없었습니다. 수녀가 되면 인도로 봉사 활동을 가게 될지도 모르기 때문이었습니다.

　토레스 수녀원에 입학해 힘든 수업을 마친 테레사는 마침내 수녀복을 입고 원하던 인도의 수녀원으로 가게 되었습니다.

　인도 최대 도시인 캘커타에 있는 성 마리아 학교로 가게 된 테레사는 학생들을 가르치는 틈틈이 하느님께 기도드리는 것을 잊지 않았습니다. 여느 날과 다름없이 기도를 드리고 있던 테레사에게 하느님의 음성이 들렸습니다.

　"테레사야! 가난한 자들에게로 가거라. 그리고 그들의 어머니가 되거라."

　하느님의 음성을 들은 테레사는 수도원의 허락을 받고 학교를 그만두었습니다. 그리고는 무작정 부모를 잃고 거리를 헤매는 아이들을 돌보기 시작했습니다. 또 버려진 집을 고쳐서 병든 채 버림받은 사람들을 모아 보살폈습니다.

성 마리아 학교의 제자들과 수녀들도 테레사 수녀를 돕기 시작했고 마침내 1950년, 사랑의 선교회를 만들게 되었습니다. 또 죽음을 눈앞에 두고 있는 사람들을 위해 영생의 집도 지었습니다.

죽어 가는 사람들의 피고름까지 직접 손으로 닦아가며 보살피는 테레사를 사람들은 성녀라고 부르기 시작했습니다.

1979년 노벨 평화상을 받은 테레사 수녀는 세상을 떠나기 전까지 자신의 몸을 아끼지 않고 사랑을 실천했습니다.

누구나 마음먹기는 쉽지만 직접 행동으로 옮기기는 어렵습니다. 아무리 대단한 일이라도 말로만 끝나면 아무 소용이 없습니다. 무슨 일이든 말보다는 행동으로 실천할 때 진정 의미가 있는 것이지요.

12 자신감을 갖는다

난 잘 할 수 있어!

　우섭이는 학교에서는 선생님 말씀 잘 듣고, 집에서는 부모님 말씀 거역하는 일 없는 평범한 아이입니다. 공부를 뛰어나게 잘하는 편도 아니지만, 그렇다고 눈에 띌 정도로 못하는 편도 아닙니다. 이렇다 할 말썽을 피우지 않아서인지 아이들은 우섭이가 있는지 없는지조차 모를 정도입니다.

　어느 날, 사회 수업이 거의 끝날 때쯤 선생님이 말했습니다.

　"다음 주 사회 시간 발표는 3조지? 준비 잘해 오도록."

　우섭이 반에서는 사회 시간에 조를 짜서 각 조별로 발표할 것을 조사하고, 대표로 한 사람이 발표하는 수업을 합니다. 선생님이 일방적으로 수업하는 것보다는 아이들이 조사하고 발표하는 게 더 이해하기 빠르고 발표력도 기를 수 있기 때문입니다.

　우섭이는 3조입니다. 그러니까 다음 주 사회 시간에 발표를 해야하는 것은 우섭이네 조입니다. 수업이 끝난 후, 3조 아이들은 교실에 남아 다음 주 발표에 대해 의논을 했습니다. 물론 우섭이도 남았습니다.

정현이가 먼저 말을 꺼냈습니다.

"우리가 발표해야 할 부분이 '금융 기관에 대해 알아 보자' 이지? 어떤 식으로 할까?"

"일단 자료를 찾아야 할 것 같은데."

미정이가 말하자 준철이가 대답했습니다.

"자료는 어린이 도서관에 가서 복사하면 좋을 거 같아. 인터넷에서 찾을 수도 있구."

"만약 괘도를 만들어야 한다면 내가 할게. 난 글씨 쓰는 거는 자신있으니까."

서예 학원에 다니는 안진이가 말했습니다. 우섭이는 아무 말 없이 공책에 받아 적기만 했습니다.

"그리고 발표자를 정해야 할 텐데……."

그 때 준철이가 과장된 몸짓으로 놀라는 척하며 말했습니다.

"아니, 이게 누구야! 우섭이 아냐?"

다른 아이들도 구석에서 조용히 메모를 하는 우섭이를 쳐다보았습니다.

"우섭이도 우리 조였구나."

"정말. 그렇게 아무 말도 않고 있으니까 몰랐잖아."

아이들이 한꺼번에 쳐다보자 우섭이는 얼굴이 빨개졌습니다.

"그러고 보니 우섭이가 발표하는 걸 한 번도 못 봤네. 다른 수업 시간에도 말이야."

"맞아. 하다못해 음악 시간에 노래 부르는 것도 못 봤어."

"그러면 이번에는 우섭이에게 기회를 주는 게 어때?"

하지만 당사자인 우섭이는 당황해 두 손을 마구 저으며 말했습니다.

"아니야. 난 싫어. 하고 싶은 사람이 해. 나는 자신없어. 만약 내가 실수라도 해서

망치면 어떡해."

"별 걱정을 다 한다. 다 같이 하는 건데 뭘."

안진이가 웃으면서 말했습니다. 모두의 의견을 모아 결국 3조 발표는 우섭이가 맡게 되었습니다.

우섭이는 마음 속으로 '누가 시켜 주면 하고는 싶다'고 생각은 했지만, 막상 발표를 맡고 보니 걱정이 이만저만이 아니었습니다. 아이들과 도서관을 다닐 때나 자료를 정리할 때도, 집에서도 우섭이는 한숨만 쉬었습니다.

발표 날짜가 다가올수록 어떻게 하면 빠져나갈지 궁리만 하는 형편이었습니다.

어느 새 일 주일이 훌쩍 지나 발표날이 내일로 다가왔습니다.

'아프다고 결석을 할까? 아냐. 그러면 아이들한테 싫은 소리 들을 테고, 이제 와서 못하겠다고 할 수도 없고… 솔직히 지금까지 한 번도 못해 본 거라 해 보고는 싶은데……'

그렇게 끙끙거리는 우섭이를 보고 엄마가 물었습니다.

"너 요즘 무슨 고민 있니? 꼭 뭐 마려운 강아지마냥 왜 그렇게 끙끙거려?"

우섭이는 머리를 긁적이며 엄마에게 말했습니다.

"휴~, 우리 조는 저 때문에 망했어요."

"망하기는 왜 망해?"

엄마는 두 눈이 동그래져서 물었습니다.

"내일 사회 시간에 조별로 연구해서 발표하는 게 있는데 그걸 저보고 하래요."

"하면 되잖아."

"엄마, 자신없어요. 난 목소리도 작고 말투도 어눌한데⋯ 그런데 대표로 발표를 하라는 게 말이 돼요?"

우섭이가 툴툴거리자 잠시 생각에 잠겨 있던 엄마가 우섭이의 어깨를 툭 치며 말했습니다.

"걱정 마. 엄마가 행운의 부적 만드는 방법을 알려 줄게. 이건 엄마도 어렸을 때 해 봤는데, 너희들이 하는 말로 효과가 직빵이다. 발표하기 전날 사회책에 깨끗한 종이 한 장을 끼워 넣고 자. 그리고 아침에 일찍 일어나서 그 종이에 동그라미 세 개를 정성껏 그려 넣으면서, '룸바루나빌라. 나는 할 수 있다'를 세 번 속으로 외우는 거야. 그렇게 적은 종이를 몸에 지니고 있으면 행운이 찾아온단다."

"룸바루⋯ 나빌라요?"

"그래."

우섭이는 좀 우스운 것 같았지만, 그래도 발표를 망칠 수는 없다고 생각했습니다. 그래서 엄마 말대로 사회책에 하얀 종이 한 장을 끼워 넣고 잠자리에 들었습니다.

드디어 발표날입니다. 우섭이는 아침 일찍 일어나 엄마 말대로 부적을 만들어

등교했습니다. 부적을 바지주머니에 곱게 접어 넣고는 가슴을 졸이며 사회 시간을 기다렸습니다.

"자, 오늘 사회 시간에는 3조에서 발표하기로 했지? 발표자는 앞으로 나오도록."

우섭이는 힘없이 터벅터벅 걸어나가 교탁 앞에 섰습니다. 아이들의 눈동자들이 모두 우섭이만 바라보고 있습니다. 우섭이는 온 몸이 찌릿찌릿했습니다.

"저, 저희 조에서 준비한 것은 그게⋯ 그러니까⋯⋯."

심장이 터질 것 같았습니다. 밤새 달달 외우고 또 외웠는데 하나도 생각나지 않았습니다. 그 때 바지주머니에서 부스럭 하고 작은 소리가 났습니다. 부적입니다.

'맞아, 행운의 부적. 이 부적이 있으니까 잘할 수 있을 거야. 좋아!'

우섭이는 깊이 숨을 몰아쉬었습니다.

그리고 어깨를 펴고 발표를 시작했습니다. 어제 집에서 혼자 연습한 대로 아이들이 잘 들을 수 있도록 또박또박 말했습니다. 어느 정도 마음이 안정되자 목소리에 자신감이 붙고 아이들 질문도 척척 받을 수 있었습니다.

어떻게 시간이 지났는지 모르게 발표가 끝났습니다.

아이들은 박수를 쳐 주었습니다. 선생님도 웃으며 우섭이에게 말했습니다.

"3조는 준비를 아주 잘했구나. 우섭이도 발표를 아주 잘했어. 수고했다."

그제야 우섭이도 환하게 웃음을 지었습니다.

집으로 돌아온 우섭이는 신발을 냅다 벗어 던지고 엄마를 불렀습니다.

"엄마, 엄마. 그 부적, 정말 행운의 부적이에요. 발표 잘했다고 아이들도, 선생님도 칭찬해 주셨어요."

"그래? 다행이다."

"엄마, 그런 부적 또 없어요? 이제 부적만 있으면 뭐든 할 수 있을 거 같은데."

그러자 엄마는 우섭이 머리에 콩 하고 알밤을 놓았습니다.

"이 녀석아. 행운의 부적은 무슨 행운의 부적. 네가 하도 자신없어 해서 엄마가 그냥 지어낸 얘기야."

"뭐라구요?"

우섭이는 깜짝 놀라 입을 떡 벌렸습니다.

"그렇게 잘할 걸 하기도 전에 못한다, 안 한다 그랬니?"

우섭이는 그제야 엄마의 깊은 뜻을 알고 머리를 긁적였습니다.

"뭐든 마음먹기에 달린 거야. 잘 생각해 봐. 네가 정말 할 수 없는 일이었는지, 아니면 미리부터 자신 없다고 안 한 일이었는지 말이야."

"옛썰!"

우섭이는 엄마에게 거수 경례를 해 보이며 하얀 이를 드러내고 웃었습니다.

자신감이 키운 대문호 톨스토이

1828~1910 러시아의 작가

톨스토이는 러시아 귀족 집안에서 태어나 부족한 것 없이 자랐습니다.

대학에 입학했지만 톨스토이는 학교 성적이 좋지 않아 결국 학교를 자퇴하고 집으로 내려왔습니다. 온종일 집 안에 틀어박혀 지내던 어느 날, 군인인 톨스토이의 형이 집에 들렀습니다.

톨스토이는 형에게 자신의 심정을 털어놓았습니다.

"형, 난 아무래도 머리가 나쁜가 봐. 잘하는 게 하나도 없어."

"말도 안 되는 소리 마. 네가 왜 머리가 나빠? 기운 내."

하지만 형의 위로에도 톨스토이는 자신감을 얻지 못했습니다. 보다 못한 형은 톨스토이에게 같이 카프카즈로 가자고 했습니다. 카프카즈는 형이 포병대 장교로 일하고 있는 무척 아름다운 곳이었습니다.

아름다운 자연 속에서 톨스토이는 그 동안 쌓였던 근심과 걱정을 훌훌 털었습니다. 그러자 마음 속에서 무언가 할 수 있다는 자신감이 생기기 시작했습니다.

무슨 일을 할까 생각하던 톨스토이는 자신의 어린 시절을 글로 써 보기로 했습니다. 물론 처음에는 마음대로 잘 써지지 않았습니다. 썼다 찢었다를 여러 번 반복하면서 거의 일 년만에 〈유년 시절〉이라는 첫 소설을 완성할 수 있었습니다.

톨스토이는 원고를 한 문예 잡지사에 보냈습니다. 오랫동안 소식이 오지 않아 '역시 난 안 되나?' 하고 실망에 빠져 있던 어느 날, 드디어 기다리던 편지가 왔습니다. 톨스토이의 작품을 몹시 칭찬하며 바로 잡지에 싣겠다는 내용이었습니다.

그렇게 해서 톨스토이는 소설가가 되었습니다.

그 후 〈전쟁과 평화〉〈바보 이반〉〈부활〉 등 많은 작품을 발표하였고, 지금도 세계적인 소설가로 평가받고 있습니다.

'모든 것은 마음먹기에 달려 있다'는 말이 있습니다.

어떠한 자세로 문제를 해결하느냐에 따라 좋은 결과를 얻을 수도 있고, 나쁜 결과를 얻을 수도 있다는 말입니다.

처음부터 '난 못해' '난 안 돼'라는 생각을 갖고 있으면 아무 일도 할 수 없습니다. 톨스토이도 대학에서 낙제하고 돌아와 계속 자신감없이 집에만 있었다면 훌륭한 소설가가 되지 못했을 겁니다.

체력은 학력!

"미진아, 너 뭐 먹어?"

급식을 마치고 미진이가 빨간 알약을 입에 털어넣자 개구쟁이 진규가 뛰어들며 말했습니다.

"야야, 머리 좋아지는 약이면 같이 좀 먹자!"

미진이는 귀찮은 듯 얼굴을 찡그리며 대답했습니다.

"어휴, 왜 그래. 소화제야."

"소화제?"

짝꿍인 소희가 깜짝 놀라 물었습니다.

"어제도 먹었잖아. 소화제 같은 거 자주 먹으면 안 좋은데."

"그래도 어떡해. 속이 답답한걸. 아마 경시 대회 때문에 긴장이 돼서 그런가 봐.

휴……."

"경시 대회를 왜 그렇게 신경쓰냐?"

"그러게. 무슨 수능 시험 보는 사람 같아."

진규와 소희는 고개를 절레절레 흔들었습니다.

미진이는 초등학교 1학년 때부터 6학년인 지금까지 줄곧 일등만
해 왔습니다.

반에서는 물론이거니와 전교에서도 일등을 맡아놓고 합니다. 공부하면 그 근방 초등학교에서도 미진이를 따라올 아이가 없다고 할 정도입니다. 그래서 친구들은 모두 미진이를 부러워합니다.

하지만 미진이는 미진이 나름대로 힘이 든답니다. 말은 안 하지만 '이번에 일등을 못하면 어떡하지?' '경시 대회에서 상을 못 타면 어쩌지?' 하며 늘 긴장에 걱정투성이입니다.

"이번에도 미진이만 믿는다."

이번 주에 교육청에서 주최하는 과학 경시 대회에도 학교에서 거는 기대가 이만저만이 아닙니다.

그럴수록 미진이의 긴장감은 더욱 커집니다. 그래서 미진이는 늘 공부만 합니다. 다른 것을 할 여유가 없습니다.

미진이는 시험 때만 되면 위염이 생겨 밥도 잘 못 먹고 죽만 먹습니다. 걸핏하면 코피도 납니다.

시험 기간에 병원에 가는 것은 당연한 일입니다. 이상하게 평소에는 멀쩡하다가도 시험 생각만 하면 갑자기 몸에 열이 나고 배가 아프기 때문입니다.

오늘도 과학 경시 대회 때문에 신경을 써서인지 머리 한쪽이 새가 쪼아대듯이 아팠습니다.

"엄마, 진통제 좀 주세요. 머리가 너무 아파."

"약을 그렇게 자주 먹으면 어떡해. 밖에 나가서 산책 좀 하고 와."

"싫어. 경시 대회가 코앞인데 산책할 시간이 어디 있어요."

"에휴, 어째 맨날 약만 먹니."

엄마는 한숨을 쉬면서 약을 건넸습니다.

과학 경시 대회 날 아침, 미진이는 등교하자마자 배를 움켜쥔 채 쓰러지고 말았습니다.

"아, 아야야. 엄마⋯⋯."

"미진아, 왜 그래? 왜 그러니?"

아이들은 놀라서 미진이를 부축해 양호실로 데려갔습니다. 미진이는 여전히 배를 쥐고 땀을 뻘뻘 흘렸습니다. 놀란 양호선생님이 미진이에게 물었습니다.

"미진아, 미진아. 어디가 어떻게 아픈 거니?"

"선생님, 배, 배가 너무 아파요. 으앙~."

너무 아픈 나머지 결국 미진이는 울음을 터뜨리고 말았습니다. 결국 미진이는 병원 응급실로 실려갔습니다.

위경련이었습니다. 미진이 엄마 아빠가 놀라서 병원으로 뛰어왔습니다. 위경련이라는 말에 미진이 엄마는 어이가 없었습니다.

"아니, 무슨 어린애가 위경련이야."

"신경을 많이 써서 그렇다잖아. 경시 대회 준비한다고 책상에만 꼬박 앉아 있었으니 몸에 무리가 간 것도 당연해."

아빠도 혀를 차며 미진이를 걱정했습니다.

결국 미진이는 경시 대회에 나가지 못했습니다.

미진이는 실망이 이만저만이 아니었습니다. 그래서 며칠 동안 밥도 제대로 안 먹고
풀이 죽어 있었습니다.

"얼마나 준비를 열심히 했는데… 정말 먹고 자는 시간 빼놓고는 공부만 했는데……."

그렇게 속상해하는 미진이에게 엄마가 말했습니다.

"아무래도 이대로는 안 되겠다. 공부도 중요하지만, 건강이 먼저야. 너 맨날 공부한다고 운동은 안 하고 늘 긴장하고 있으니까 몸이 견디질 못하는 거야. 이제부터 운동 좀 해야겠어."

그렇게 말한 엄마는 싫다는 미진이를 끌고 공원으로 나왔습니다.

"하루에 이 공원 세 바퀴만 뛰는 거야. 그리고 일요일에는 엄마 아빠랑 등산 가고."

"싫어요. 공원 뛸 시간에 한 자라도 더 보는 게 낫지."

"공원 세 바퀴 뛰는데 하루가 걸려 반나절이 걸려? 해 봤자 한 시간이야. 자, 뛰어!"

엄마가 미진이 등을 떼밀었습니다. 뛰면서도 미진이는 온통 공부 생각만 했습니다.

'이 시간에 수학 문제를 더 풀면… 영어 문장을 하나 더 외우면……'

미진이에게 운동은 시간 낭비인 듯했습니다.

몇 달이 지났지만 엄마는 여전히 저녁 식사를 마치면 어김없이 미진이를 공원으로 끌고 나갔습니다.

점점 추워져서 밖에서 땀흘리며 운동을 하면 백발백중 감기에 걸릴 텐데 말입니다.

게다가 이번 달에는 유명 일류 대학에서 주최하는 영어 경시 대회가 있습니다. 미진이의 신경은 온통 경시 대회에 가 있습니다.

"이번에야말로 지난 경시 대회의 한을 풀어야겠어!"

미진이는 지난번에 놓친 경시 대회가 아직도 아까웠습니다.

그래서 이번에는 꼭 최선을 다하리라 결심했습니다. 하지만 곧 걱정이 앞섰습니다.

이번에도 시험 준비를 하다 보면 몸살이 날 것입니다. 더군다나 뉴스에서 이번 겨울에는 독감이 유행이라고 합니다.

미진이는 시험을 앞두고 독감 예방 주사를 맞으러 엄마와 함께 자주 가는 소아과에 갔습니다.

엄마가 온 김에 진찰도 받자고 해서 진찰실에 들어갔습니다. 그런데 진찰을 하던 의사선생님이 고개를 갸웃거렸습니다.

"어, 미진이 혈색도 좋아지고 소화 기능도 좋아졌는데?"

그러고 보니 미진이도 작년하고 조금 다른 것을 느꼈습니다.

겨울이면 매년 뜨거운 차를 대놓고 마셔야 할 정도로 감기 몸살로 고생했습니다.

인후염 때문에 밥도 못 먹고 밤늦게까지 공부하느라 링거를 맞기도 했습니다. 그런데 올해는 달랐습니다.

밤늦게까지 공부를 해도 집중력이 떨어지지 않고 피곤도 덜했습니다. 툭하면 터지던 코피도 안 났습니다.

엄마가 웃으면서 의사선생님에게 말했습니다.

"말씀하신 대로 몇 달 동안 한 시간씩 운동을 시켰거든요. 그랬더니 좀 나아진 것 같아요."

"아, 어쩐지. 잘하셨어요."

의사선생님은 미진이 볼을 살짝 꼬집으며 말했습니다.

"이 녀석, 공부 욕심 때문에 건강에는 신경도 안 쓰더니. 잘했다."

미진이는 건강해졌다는 말에 기분이 좋아서 배시시 웃었습니다.

아프면 어쩌나 하는 괜한 걱정 하지 않아도 되고 마음껏 공부도 할 수 있기 때문입니다.

병원을 나서며 미진이는 차가운 겨울 바람을 한껏 들이마셨습니다. 그리고 속으로 이렇게 생각했습니다.

'아, 상쾌해. 이렇게 마음도 조급하지 않고 긴장도 별로 하지 않고 공부할 수 있는 게 운동 때문이었구나. 중학교에 가면 공부를 더 많이 해야 할 테지? 그만큼 운동도 열심히 해서 튼튼한 우등생이 될 거야!'

몸과 마음의 단련을 통해 남극을 정복한 탐험가 아문센

1872~1928 노르웨이의 탐험가

선장의 아들로 태어난 아문센은 어렸을 때부터 바다와 탐험 이야기를 좋아했습니다. 특히 프랭클린 탐험대 이야기는 늘 머리 속에서 떠나지 않았습니다.

프랭클린이 배 두 척으로 북쪽 바다를 항해하다가 추위를 견디지 못하고 얼어죽고 말았다는 이야기입니다.

"나도 어른이 되면 프랭클린처럼 얼음 바다를 탐험해야지!"

아문센은 그렇게 다짐하고 그 날부터 탐험 준비를 했습니다. 우선 추위에 견딜 수 있도록 겨울에도 창문을 열어놓고 잠을 잤습니다.

어느 날, 그 모습을 본 엄마는 깜짝 놀랐습니다.

"어머, 얘 좀 봐. 이러다가 병이라도 나면 어쩌려고?"

엄마는 얼른 창문을 닫았지만, 아문센은 엄마가 나가고 나면 다시 창문을 열었습니다. 그리고 이불도 덮지 않고 새우잠을 자면서 추위와 싸웠습니다.

뿐만 아닙니다. 눈이 내리는 날에는 밖으로 나가 거리를 뛰었습니다. 집에 돌아올 때는 하얀 눈사람이 되어 이를 달달 떨면서도 아문센은 즐겁기만 했습니다.

"북극을 탐험하기 위해선 이까짓 것쯤은 얼마든지 견딜 수 있어!"

아문센은 더욱 마음을 다지며 스키도 타고 체력 단련을 위한 운동을 게을리하지 않았습니다. 그리고 한편으로는 탐험에 필요한 공부도 열심히 했습니다.

스물다섯 살 때 처음 탐험선을 탄 아문센은 남극해를 탐험했습니다. 그리고 몇 차례 고비를 넘기며 1911년에 세계 최초로 남극점에 도달했습니다. 그리고 1926년에는 북극 탐험에도 성공해 노르웨이 정부에서 주는 훈장까지 받았습니다.

우등생이 되려면 많은 노력을 해야 합니다. 책도 많이 읽어야 하고 호기심도 많아야 하고 상상력에 집중력에… 한도 끝도 없을 듯합니다.

그런데 이 모든 것의 기초가 되는 것이 건강입니다. 아문센이 아무리 탐험심과 모험심이 강하고 많은 지식을 가지고 있다고 해도 어려서부터 체력을 키우지 않았다면 훌륭한 탐험가가 되지 못했을 것입니다.

14 작은 약속도 꼭 지킨다

일단 한 약속은 끝까지 지켜보렵니다

"한나야, 집에 가는 길에 떡볶이 사 먹고 가자."

청소 당번인 한나가 쓰레기 소각장에다 쓰레기통을 비우고 나자 은지가 말했습니다.

"그래!"

은지는 한나가 대번에 '그래' 하고 말해 주는 게 무척 좋았습니다. 사실 은지는 청소 당번이 아니었지만 한나와 함께 집에 가기 위해 한나가 청소를 끝낼 때까지 기다리고 있었습니다.

은지와 한나는 어릴 때부터 같은 아파트에 사는 단짝 친구입니다. 하지만 초등학교에 입학한 후로 한 번도 같은 반이 되지 못했습니다. 그런데 이번에 4학년이 되면서 처음으로 같은 반이 되었습니다. 같은 반이 된 후로 은지와 한나는 거의 매일 붙어 다녔습니다.

은지와 한나가 포장마차에 앉아서 떡볶이를 맛있게 먹고 있을 때였습니다. 같이 청소를 했던 반 아이들 몇 명이 지나가다 한나에게 아는 체를 했습니다.

"한나야, 잠깐 우리 좀 볼래?"

지연이가 은지를 힐끔 보더니 한나의 손목을 잡아당겼습니다. 지연이는 한나를 저만치 끌고 가더니 다른 아이들과 함께 무슨 이야기를 주고받았습니다.

은지는 왠지 왕따를 당하는 것 같아 기분이 나빴습니다.

한나가 아이들과 헤어지고 돌아오자 은지가 물었습니다.

"무슨 일이야?"

"어? 아니… 쟤네들이 이번에 운동회 행사 진행 맡았잖아. 운동회 때 반 장기 자랑이랑 다른 행사를 어떻게 준비할 건지 내일 남아서 같이 의논하자고."

그 말을 들은 은지는 기분이 상했습니다.

'뭐야? 나도 같이 있었는데 왜 한나한테만 오라고 해?'

은지의 얼굴이 굳어지자 한나가 어쩔 줄 몰라하며 말했습니다.

"너도 내일 같이 얘기해 보자."

"됐어."

은지는 아무 말 없이 떡볶이만 먹었습니다.

집에 돌아온 은지는 내내 기분이 좋지 않았습니다. 낮에 있었던 일이 머리 속에서 떠나지 않았습니다.

이런 일은 오늘이 처음은 아닙니다. 학기 초부터 아이들은 은지보다는 한나를 더 많이 따랐습니다.

운동회에 대한 의논이라면 한나보다는 자기에게 물어 보는 게 당연하다는 생각이 들었습니다. 은지는 1학기 반장도 했고 학급 행사에도 빠진 적이 없거든요. 물론 공부도 은지가 한나보다 더 잘합니다. 그런데도 아이들은 늘 무슨 일이 생기면 은지보다는 한나에게 묻거나 도움을 청했습니다.

학급 회의 때도 한나의 말이라면 모두 찬성했습니다. 선생님도 마찬가지였습니다. 물론 선생님이 은지를 무척 귀여워하기는 했지만 한나는 유독 선생님의 칭찬을 많이 받았습니다. 은지가 한나보다 못한 게 전혀 없는데 도무지 그 이유를 알 수가 없었습니다.

토요일이었습니다. 한나의 청소 당번이 끝나는 날이기도 했습니다. 은지는 전과 다름없이 한나와 집에 함께 가기 위해 은지를 기다렸습니다. 선생님은 청소 시간에 와서 아이들이 청소하는 모습을 잠시 보시더니 청소 당번인 한나와 은경이를 불렀습니다.

"청소 끝나면 다시 올 테니, 청소 검사 맡고 가거라."

청소 당번인 아이들은 청소를 끝내고 하나둘씩 교실을 빠져 나갔습니다. 그러나 선생님은 한참이 지나도록 오지 않았습니다. 은경이가 교무실에도 가 봤지만 선생님은 자리에 없었습니다.

"이제 집에 가자. 선생님 가셨나 봐."

은경이가 시계를 보며 말했습니다.

"안 돼, 선생님이 검사 맡고 가라고 했잖아."

"야, 벌써 30분도 넘었어. 나, 학원 늦는단 말이야."

선생님은
안 오신다니까.

은경이가 울상을 지었습니다. 한나는 자기가 검사를 맡고 갈 테니 은경이에게 먼저 가라고 했습니다. 교실에는 은지와 한나만 남았습니다. 선생님을 기다린 지 1시간이 넘은 것 같습니다. 은지도 슬슬 지루해지기 시작했습니다.

"한나야, 선생님 가셨나 봐. 우리도 그냥 가자."

"안 돼. 어디 볼일 있어 잠깐 나가셨나 보지. 오신다고 했으니까 곧 오실 거야. 검사는 맡고 가야 해."

"그냥 가자. 기다리다가 그냥 갔다고 내일 말씀드리면 되잖아."

하지만 한나는 꿈쩍도 하지 않았습니다. 은지는 슬며시 화가 났습니다. 어제 일로 마음이 다 풀어진 것도 아닌데 그런 한나가 얄미운 생각이 들었습니다.

"네 맘대로 해, 나 먼저 갈 테니."

화가 난 은지는 한나를 두고 교실을 나왔습니다. 집에 돌아오면서 은지는 한나가 마음에 걸리면서도 우두커니 기다리고 있을 한나가 바보 같다는 생각이 들었습니다.

월요일, 은지는 지난 토요일 일이 마음에 걸려 한나에게 선뜻 말을 붙이지 못했습니다.

아침 조례가 끝나자 선생님이 한나를 교무실로 불렀습니다. 은지는 무슨 일인지 궁금했습니다.

잠시 후, 교무실에서 돌아온 한나의 손에는 교사용으로 나온 학습지가 들려 있었습니다.

"이게 뭐야?"

"으응, 선생님이 주신 거야."

"왜~ 에?"

은지가 물었습니다 그러자 한나가 지난 토요일 일을 이야기해 주었습니다.

은지의 짐작대로 선생님은 다른 선생님들과 점심 식사를 하느라 한나에게 한 말을 깜박 잊어버렸답니다.

늦게서야 다시 학교로 돌아온 선생님은 한나를 보고 깜짝 놀랐습니다. 선생님은 그제야 한나에게 했던 말이 떠올라 미안해 어쩔 줄 몰라했답니다.

선생님은 늦게까지 약속을 지켜 준 한나를 그냥 보내기가 미안했던지 교무실에 데리고 가 자장면을 사 주셨다고 했습니다.

그리고 오늘도 한나를 교무실로 불러 미안하다시며 학습지를 건네 주었답니다.

한나를 바보 같다고 생각했던 은지는 선생님이 주신 학습지를 들고 있는 한나가 조금 부러웠습니다.

그 일 이후로 은지는 자기와 한나의 다른 점이 하나둘씩 눈에 들어오기 시작했습니다. 선생님과 아이들이 자기보다 한나를 왜 더 좋아하는지 알 수 있을 것 같았습니다. 무엇보다 한나는 약속을 아주 잘 지켰습니다. 아무리 사소한 거라도 말이에요.

그래서인지 친구들은 그런 한나를 의젓하고 어른스럽게 생각했습니다. 아마 그래서 이번 운동회에 대한 일도 한나에게 도움을 청했던 것 같습니다. 선생님도 마찬가지였습니다. 선생님은 우리 반 누구보다도 한나를 신뢰하는 것 같았습니다.

은지는 조금 샘이 나기도 했지만 그런 한나가 자신의 단짝 친구라는 것이 은근히 자랑스럽기도 했습니다. 자기가 한나를 좋아하는 이유도 아마 그 때문이 아닌가 하는 생각이 들었습니다.

어머니와의 약속을 지키기 위해 말의 목을 벤 김유신

595~673 신라의 장군

　열다섯 살 때 화랑이 된 김유신은 화랑들 사이에서 존경을 받았습니다. 그 즈음 천관이라는 기생을 알게 된 김유신은 기생의 집을 드나들며 무예 익히는 것을 점점 게을리했습니다. 그 사실을 알게 된 김유신의 어머니는 몹시 화를 냈습니다.

　"장차 큰일을 해야 할 사람이 벌써부터 기생 때문에 제 할 일을 게을리한다는 것이 말이 되느냐!"

김유신은 고개를 떨군 채 어머니 말을 듣고 있었습니다.

"더 이상 이 어미를 실망시키지 않았으면 좋겠다."

어머니의 호통에 김유신은 머리를 조아렸습니다. 그리고 다시는 천관을 찾아가지 않겠다고 어머니와 약속했습니다.

　그러던 어느 날이었습니다. 피곤해서 몸을 가눌 힘조차 없었던 김유신은 집으로 돌아오는 길에 말의 등에서 깜빡 잠이 들고 말았습니다. 눈을 떠 보니 천관이 살고 있는 집 앞이었습니다.

　'아니! 이게 어떻게 된 일이지?'

　그만 말이 늘 가던 대로 천관의 집으로 오고 만 것입니다. 그 순간 김유신은 어머니의 얼굴이 떠올랐습니다.

　김유신은 천관의 집으로 오는 것에 익숙해진 말을 그대로 놔두면 어머니와의 약속을 지킬 수 없을 것 같았습니다.

　'무슨 일이 있어도 어머니와 한 약속을 어길 수는 없어.'

그래서 김유신은 칼을 뽑아들어 말의 목을 베고는 그대로 집으로 돌아갔습니다. 자신이 너무나 사랑했던 말을 죽인 김유신의 마음은 찢어질 듯 아팠지만, 어머니와의 약속을 지키기 위해서는 어쩔 수 없는 결정이었습니다.

자신이 한 약속에 대해서는 책임을 지기 위해 노력한 김유신은 훗날 삼국을 통일하는 데 크게 기여했습니다.

누군가와 약속을 하는 것은 쉽지만 그 약속을 지키기란 쉽지 않습니다. 하지만 그 약속을 지켰을 때의 기쁨은 그 사람만이 느낄 수 있는 행복입니다.

무엇이든 열심히 한다

열심히 놀고 열심히 공부하고!

민지는 늘 학교에서 돌아와 간단한 간식만 먹고 수학 학원으로 향합니다. 요즘처럼 가을 하늘이 푸를수록, 단풍이 예쁠수록 민지의 발걸음엔 터벅터벅 힘이 없어집니다.

정말 놀이 동산에 가면 딱 좋을 날씨입니다.

"아, 이렇게 좋은 가을날 학원에서 수학 문제나 풀고 있어야 한다니……."

민지가 투덜대며 학원이 있는 상가로 들어가려는 순간, 땅에 끌릴 정도로 길고 펑퍼짐한 청바지에 헐렁한 티셔츠, 그리고 머리에 요란한 색깔의 두건을 쓴 언니 오빠들이 무리 지어 나왔습니다.

민지는 깜짝 놀라 발걸음을 멈추었습니다.

힙합 스타일의 옷차림을 한 언니 오빠들 때문이 아닙니다. 그 안에 연진이가 끼여

있었기 때문입니다.

'어머, 쟤 연진이 아냐?'

연진이는 엄마 친구 딸로 민지와 동갑내기입니다. 연진이 옷차림도 그다지 평범하지는 않았습니다.

민지는 얼른 몸을 숨겼습니다. 그리고 연진이가 맞는지 다시 확인했습니다. 분명히 연진이입니다.

'연진이가 저런 언니 오빠들이랑 어울리다니.'

지난 달에 화가인 엄마 친구의 전시회에서 처음 봤을 때, 연진이는 단정하게 원피스를 입고 있었습니다. 그리고 공부도 잘한다고 엄마 친구 분이 꽤 자랑을 했는데 말입니다.

그 날 민지는 학원에서 멍하니 딴 생각만 했습니다.

집으로 돌아오자마자 민지는 가방을 내던지고 엄마에게 쪼르르 달려갔습니다. 엄마는 부엌에서 저녁 준비를 하고 있었습니다.

"엄마, 엄마. 나 오늘 상가에서 연진이 봤어."

"그래? 여기까지 웬일이지?"

엄마는 민지 얼굴을 보지도 않고 말했습니다.

"근데 엄마, 걔 날라리더라."

"응?"

그제야 엄마가 민지를 바라보았습니다. 민지는 마른침을 삼키고 따따따 말했습니다.

"있지 있지, 꼭 텔레비전에서 춤추는 애들처럼 질질 끌리는 청바지 입고 껄렁껄렁 다니더라구. 그리고 같이 다니는 언니 오빠들도 그리 질이 좋아 보이지는 않았어. 엄마 알지? 입은 건지 벗은 건지 어중간하게 입고 은팔찌에 목걸이에 요란 번쩍, 한눈에 봐도 날라리야. 연진이, 반장이네 경시 대회에서 상을 받았네 하는 거, 다 거짓말 같아."

민지 말을 들은 엄마는 고개를 갸웃거렸습니다.

"그래? 지난 주에는 영어 웅변 대회에도 나갔다고 하던데……."

"혹시 딸이 날라리인 게 좀 그래서 아줌마가 거짓말한 거 아닐까?"

"에이, 설마."

엄마는 그렇게 말하면서도 조금 의심이 가는 눈치였습니다.

"뭐, 이번 주말에 우리 집에 온다니까 그 때 물어 보자."

민지는 두고 보자는 마음이 생겼습니다.

'좋아, 장연진. 너의 정체를 밝혀 주마.'

지난 달 전시회 다녀오는 길에 엄마에게 잔소리를 잔뜩 들었거든요. 연진이는 공부도 잘하고 영어도 잘하고 못하는 게 없다는데, 너는 학원까지 다니면서 왜 못하냐면서 말이지요.

그러니 처음 본 연진이와 쉽게 친해질 수 있겠어요? 민지는 주말이 기다려질 뿐입니다.

드디어 토요일. 엄마 친구가 오기로 한 날입니다. 민지는 집안 정리를 하면서 연진이가 어떤 모습으로 올지 궁금했어요.

약속한 네 시가 되자 엄마 친구가 왔습니다. 그런데 혼자였습니다.

"어머, 민지도 집에 있었구나. 안녕?"

"안녕하세요. 근데 연진이는……."

"응, 동아리 모임이 있어서 좀 늦는대. 한 30분 있으면 올 거야."

민지는 조금 실망했지만, 곧 온다는 말에 기대가 되었습니다.

엄마가 마실 것과 과일을 내왔습니다.

"그러면 우리 먼저 먹자. 사과가 꽤 맛있어."

민지도 엄마 옆에 앉아 주스와 과일을 먹었습니다.

민지 엄마가 먼저 말을 꺼냈습니다.

"저기, 우리 민지가 며칠 전에 요 앞 상가에서 연진이를 봤대."

민지 엄마가 조심스럽게 말한 것에 비해 엄마 친구는 아무렇지도 않게 말했습니다.

"응, 오늘도 그 동아리 모임에 간 거야."

"무슨 동아리야?"

"글쎄? 아마 우리 딸 보면 눈이 휘둥그래질걸?"

그 때 마침 초인종이 울렸습니다.

"누구세요?"

민지가 얼른 일어나 나갔어요. 바로 연진이였습니다.

민지가 문을 열자, 연진이가 환하게 웃으며 들어왔습니다.

"어, 민지야. 안녕?"

"어, 어. 안녕."

연진이는 며칠 전에 민지가 본 그 모습이었습니다. 힙합 스타일의 청바지에 허리띠를 축 늘어뜨리고 은목걸이가 쩔렁거렸습니다.

"아주머니, 안녕하세요?"

연진이가 인사를 하며 들어오자 엄마도 놀라서 입을 못 다물었습니다. 하지만 연진이 엄마는 아무렇지도 않게 웃기만 할 뿐입니다.

연진이는 엄마 옆에 다소곳하게 앉았습니다.

"얘네 댄스 동아리가 이번 달 말에 발표회를 연대. 그 연습장이 이 근처라나 봐. 연진아, 민지가 며칠 전에 너 봤다고 한다."

"정말? 난 못 봤는데."

연진이는 두 눈을 말똥말똥하게 뜨고 말했습니다.

엄마도 연진이의 첫인상과 다른 모습에 조금 놀랐는지 민지에게 눈짓을 하며 말했습니다.

"너희는 방에 들어가 놀아라. 엄마들끼리 할 얘기가 있거든."

"네."

연진이와 민지는 방으로 들어왔습니다. 방에 들어온 민지는 내내 궁금했던 것을 연진이에게 조심스럽게 물었습니다.

"있지, 그 때 그 언니 오빠들이랑 어울려도 엄마가 아무 말씀 안 하셔?"

"왜?"

"날라리 아냐?"

"엉? 아니야. 다들 공부도 열심히 하고, 모범생인걸. 그 중에는 반장 언니도 있고 전교 회장 오빠도 있어."

연진이 말에 민지는 또 한 번 깜짝 놀랐습니다.

"정말? 옷차림이 꽤 요란하던데."

"아, 오해했구나. 하긴, 이런 옷차림으로 춤추러 다니다 보면 어른들한테 안 좋은 소리를 듣기도 해."

연진이는 연신 싱글거리며 대답했습니다. 그러다가 민지 책상에 있는 영어 동화책을 집어들었습니다.

"아, 나도 이 책 읽었는데 참 재미있었어. 이 이야기로 영어 웅변 대회에 나갔는데."

민지는 간신히 읽는 책인데 연진이는 웅변까지 한다니 도무지 믿어지지 않았습니다. 민지가 다시 한 번 연진이에게 물었습니다.

"그렇게 춤추며 놀러 다니면 언제 책을 읽고 공부하니?"

"하루 종일 춤만 추는 것도 아닌데 뭘."

연진이는 의자에 앉으며 말을 이었습니다.

"공부할 때는 공부만 열심히 하고 춤출 때는 춤만 열심히 추고. 춤을 추면 오히려 스트레스 해소도 되고 운동도 되고 좋아. 난 뭐든 열심히 하는 게 최고라고 생각해. 공부하면서 춤출 생각하고,

춤추면서 공부 걱정하고.

 그런 어중간한 건 매력 없어. 그 순간 순간 최선을 다하는 게 후회도 안 되고 좋은 것 같아. 열심히 놀고, 그만큼 열심히 공부하고!"

그제야 민지도 고개를 끄덕였습니다.

"그랬구나. 나는 그것도 모르고……."

밖에서도 엄마의 오해가 풀렸는지 웃음소리가 들렸습니다.

민지는 연진이가 다시 보였습니다.

그리고 엄마가 고등학교 동창과 지금까지 좋은 친구로 지내는 것처럼 연진이와 오랫동안 좋은 친구로 지냈으면 좋겠다는 생각이 들었습니다.

무슨 일이든 최선을 다한 레오나르도 다 빈치

1452~1519 이탈리아의 화가

르네상스 시대 이탈리아를 대표하는 레오나르도 다 빈치는 화가로 유명하지만, 과학자이자 기술자이기도 합니다.

1452년 이탈리아 피렌체에서 태어난 다 빈치는 어려서부터 손재주가 뛰어났습니다. 그래서 화가가 되기로 결심하고 당시 유명한 화가이자 조각가인 베로키오에게 미술을 배우기 시작했습니다. 하루가 다르게 늘어나는 다 빈치의 실력은 스승을 앞지를 정도가 되었습니다.

다 빈치가 남긴 그림 가운데 손에 꼽는 것이 〈모나리자〉와 〈최후의 만찬〉입니다. 〈최후의 만찬〉은 예수와 그의 제자 열두 명이 마지막으로 식사하는 장면을 담은 그림입니다. 다 빈치는 이 그림에도 자신의 모든 열정을 쏟았습니다. 열두 제자의 마음 속에 있는 생각까지 표정과 몸짓으로 표현해, 그림이 완성되었을 때 사람들은 도저히 사람이 그린 그림이라 믿기 어려울 정도였습니다.

그리고 〈모나리자〉는 4년에 걸쳐 그린 그림입니다. 최고의 미소를 그리기 위해 다 빈치는 악사와 광대를 불러 모델인 리자 부인의 마음을 편안하게 해 주며 온 정성을 다해 그렸다고 합니다.

다 빈치는 이밖에도 조각, 음악, 건축, 발명, 군사, 해부학, 천문학 등 여러 방면에도 뛰어난 재능을 가지고 있었습니다.

다 빈치는 건축과 운하를 설계하기도 하고 잠수함과 헬리콥터, 비행기를 고안하기도 했습니다.

군사용 기계를 연구하기도 해 돌을 쏘아대는 투석기, 속사포를 발명하고 방탄조끼, 전차, 독가스에 대한 아이디어를 내놓기도 했습니다. 게다가 직접 서른 명 이상의 시체를 해부해 인체 해부도를 남기기도 했고 식물학에도 조예가 깊었습니다.

이와 같이 다 빈치는 여러 방면에 두루 호기심을 가진 만능 재주꾼이었습니다. 하지만 호기심과 재능에 그치지 않고 무엇이든 순간순간 최선을 다했기 때문에 지금까지 한 시대를 대표하는 예술가이자 과학자로 남아 있는 것입니다.

대부분 사람들의 능력은 비슷합니다. 다만 누가 더 성실하고, 열정을 가지고 있느냐가 다를 뿐입니다. 공부도 대충, 노는 것도 대충 그러면 어중간한 사람이 될 겁니다. 아무리 능력과 재능이 뛰어났던 다 빈치라 해도 만약 열정이 없었다면 오늘날 우리가 기억하는 다 빈치는 없었을 것입니다.

질문왕의 승리

3학년 7반 환기는 학교에서 유명한 아이입니다. 사실 평소에 환기는 다른 아이들과 조금도 다를 게 없습니다. 그런 환기가 학교에서 유명한 이유는 뜬금없는 질문을 잘하기 때문입니다.

환기의 질문은 수업 시간이건 청소 시간이건 상관이 없습니다. 심지어 벌을 서고 있을 때도 질문을 해 댑니다.

2분단이 교실 청소를 하는 날이었습니다. 2분단에는 환기도 있습니다.

"청소 끝나면 검사하러 올 테니까 깨끗하게 해."

선생님이 나가자 남자아이들이 장난을 치다가 잘못하여 유리창을 깨뜨렸습니다.

청소 검사를 오신 선생님은 화가 단단히 났습니다. 그래서 2분단 아이들은 모두

교실 바닥에 무릎을 꿇고 앉아 손을 들고 벌을 서야 했습니다.

채 십 분도 지나지 않았는데 아이들은 여기저기서 죽는 소리를 냈습니다. 선생님은 아이들의 얼굴을 보자 마음이 조금 약해졌습니다. 그래서 그만 용서해 줄까 생각하던 참이었습니다.

그 때였습니다.

"저어… 선생님."

환기의 목소리였습니다.

벌을 서던 아이들은 일제히 환기를 쳐다보았습니다.

"선생님, 고추잠자리는 왜 빨개요?"

한동안 교실 안에 침묵이 흘렀습니다.

얼마 후, 뚱땡이 진남이가 키득키득 웃기 시작했습니다. 그러자 곧 아이들이 한꺼번에 웃음을 터뜨렸습니다.

"조용히 해! 지금 뭐하는 거야!"

선생님이 버럭 소리를 질렀습니다.

그러나 아이들은 웃음을 멈출 수가 없었습니다. 선생님 얼굴이 점점 울그락불그락해졌습니다. 선생님은 환기를 한번 노려보고는 무서운 눈으로 말했습니다.

"정환기! 지금이 장난칠 때야! 그리고 너희들, 지금 선생님하고 장난하니?"

일순간 아이들 얼굴은 울상이 되었습니다. 선생님은 한 시간 후에 다시 오겠다고 말하고는 교실 문을 닫고 나가 버렸습니다. 아이들은 모두 환기를 흘겨보았습니다.

"난 장난치려고 그런 게 아닌데……."

환기가 풀이 죽은 목소리로 말했습니다.

환기는 그저 깨진 창문으로 들어온 고추잠자리 한 마리가 교실 천장을 맴도는 것을 보다가 문득 고추잠자리는 왜 빨간지 그것이 궁금했던 것입니다.

벌을 받는 중이라는 것을 환기도 알고 있었지만 궁금한 것은 도저히 참을 수가 없었습니다. 그런 일이 한두 번이 아닙니다.

체육 시간이었습니다.

그 날은 아이들이 차례로 뜀틀 넘기 연습을 했습니다.

그런데 환기 차례가 되었는데 환기는 보이지 않았습니다. 체육선생님이 환기 이름을 여러 차례 불렀지만 환기의 모습은 어디서도 찾을 수 없었습니다.

그런데 얼마 후, 환기가 학교에서 가장 무서운 호랑이 교감선생님과 함께 나타났습니다. 교감선생님은 환기 엉덩이를 툭 치고는 체육선생님에게 웃으며 말했습니다.

"별 희한한 녀석 다 보겠네, 허허."

교감선생님이 체육선생님과 잠깐 이야기를 나누고 있는 사이 아이들이 환기에게 몰려들었습니다.

"야, 무슨 일이야?"

그러자 환기가 우물쭈물거리며 대답했습니다.

"아니… 교감선생님한테 학교 건립 기념비 얘기 듣느라고……."

"그게 무슨 말이야?"

영진이가 눈을 동그랗게 뜨며 묻자 환기가 입을 열었습니다.

"운동장으로 나오는데 교무실 현관 앞에 세워진 동판이 보이더라구."

"동판? 맞다, 학교 건립을 기념해서 세운 거 말이지?"

영진이는 본 적이 있는지 아는 체를 했습니다.

환기는 왜 늦게 오게 됐는지 설명을 하기 시작했습니다.

"교감선생님께 학교를 누가 세웠는지 여쭤 보고 나서 이것 저것 질문하다가 학교가 세워진 배경까지 듣고 오느라고. 헤헤!"

이런 일이 있은 후로 아이들은 환기를 '막무가내'라고 부르기 시작했습니다. 수업중에 환기의 질문이 터지면 선생님들은 모두 당황했습니다. 환기의 질문은 끝이

없었기 때문입니다.

　그러나 과학선생님은 달랐습니다. 과학선생님만은 환기의 질문에 친절하게 꼬박꼬박 대답을 해 주셨습니다. 그러던 어느 날 과학선생님이 찬종이와 환기를 교무실로 불렀습니다.

　"환기야, 너 이번에 찬종이와 함께 과학 경시 대회에 나가 보지 않을래?"

　그 말을 들은 환기는 깜짝 놀랐습니다. 찬종이처럼 공부를 잘하는 것도 아니고 찬종이처럼 반장도 아니었으니까요.

그러나 선생님은 환기처럼 궁금한 것이 많을수록 과학을 잘하게 되는 거라고 말했습니다. 그래서 환기는 용기를 내 보기로 했습니다. 그 뒤 환기와 찬종이는 과학선생님과 함께 과학 경시 대회를 준비 했습니다.

그 일이 있은 후 며칠이 지난 과학 시간이었습니다.

아이들은 실험을 하기 위해 조를 짜서 자리에 앉았습니다. 실험이 시작된 지 얼마 지나지 않아 환기가 같은 조 아이들과 선생님에게 이런저런 질문을 해대기 시작 했습니다.

환기네 조 아이들은 '또 시작이구나' 생각하며 눈살을 찌푸렸습니다. 실험 시간 내내 환기의 질문은 끊이지 않았습니다.

실험 시간이 거의 끝나갈 무렵 환기가 벌떡 일어나더니 오늘 실험 중에 이상한 점들을 다시 질문하기 시작했습니다.

선생님은 환기의 질문에 차근차근 설명을 해 주었습니다.

'따라라라라라라라라 ♪ 따라라 따라라 ♪~.'

수업이 끝났음을 알리는 종이 울렸습니다.

"공부도 못하는 것들이 꼭 수업 끝날 때 질문하더라. 무식한 게 자랑인가, 치."

환기 앞자리에 앉은 찬종이가 입을 삐죽거리며 혼자 중얼거렸습니다. 순간 환기의 얼굴이 굳어졌습니다. 찬종이의 말을 들은 같은 조 아이들은 긴장한 눈으로 찬종이와 환기의 얼굴을 번갈아 쳐다보았습니다. 환기는 아무 말 없이 자리에 앉았습니다.

찬종이 말 때문에 환기는 실험 시간 이후로 질문을 한 번도 하지 않았습니다.

학교에서 돌아온 환기는 책상 앞에 앉았습니다. 책가방에서 공책을 꺼내는데 찬종이 얼굴이 슬며시 떠올랐습니다.

'제까짓 게 나보다 공부를 잘하면 얼마나 잘한다고…….'

환기는 밥도 먹지 않고 오늘 실험 시간에 배웠던 부분을 펼쳤습니다. 찬종이 코를 납작하게 해 주리라 다짐하면서 말이지요.

그리고 실험 시간에 배웠던 것들을 차근차근 훑어보며 궁금했던 것들을 하나하나 찾아가기 시작했습니다.

궁금한 것이 꼬리에 꼬리를 물고 생겼습니다. 환기는 이리저리 생각해 보기도 하고, 답이 나오지 않으면 백과사전을 뒤져가며 답을 찾아냈습니다. 궁금한 것을 혼자 힘으로 알게 된 게 그렇게 기분이 좋고 뿌듯할 수가 없었습니다.

환기는 어느덧 찬종이 코를 납작하게 해 주겠다는 다짐 따위는 새까맣게 잊어버리고 실험에 푹 빠졌습니다.

과학 경시 대회가 끝나고 며칠 후였습니다.

"김환기!"

조례 시간에 선생님이 환기를 불렀습니다.

환기에게 늘 꾸중만 하시던 담임선생님이 환기의 양 어깨를 잡으며 아이들에게 말했습니다.

"이번에 과학 경시 대회에서 우리 반 환기가 대상을 타게 됐어요. 다음 주 전체 조회 시간에 시상식이 있을 테니 박수 많이 쳐 줘요."

아이들은 깜짝 놀랐습니다. 공부 잘하는 찬종이라면 모를까 환기가 과학 경시 대회에서 대상을 타다니요!

"우~와!"

아이들이 여기저기서 탄성을 질렀습니다.

환기가 부끄러운 듯 고개를 숙이며 머리를 긁적거렸습니다. 환기의 입은 활짝 웃고 있었습니다.

호기심이 키운 발명왕 에디슨

1847~1931 미국의 발명가

에디슨은 어렸을 때부터 바람은 어디서 불어 오는지, 별은 얼마나 높은 곳에 떠 있는지, 꽃은 어떻게 피는지 등 궁금한 것이 많았습니다.

그런 에디슨을 보고 이웃 사람들은 정신이 좀 이상한 게 아니냐며 수군거렸습니다.

하지만 에디슨의 어머니는 달랐습니다. 에디슨이 남들보다 똑똑하다고 믿었던 어머니는 아들의 물음에 언제나 자세히 설명해 주었습니다.

여느 때와 마찬가지로 에디슨이 엄마에게 물었습니다.

"엄마, 거위가 왜 알 위에 저렇게 앉아 있어요?"

"그건 말이지, 어미거위가 알을 따뜻하게 품고 있으면 새끼거위가 알을 깨고 나오기 때문이란다."

엄마의 대답을 들은 에디슨은 고개를 끄덕이며 입가에 묘한 웃음을 띠었습니다.

다음 날이었어요. 에디슨의 엄마와 아빠는 아침부터 없어진 에디슨을 찾느라 허둥대며 동네 여기저기를 뛰어다녔습니다.

찾다찾다 못 찾고 집으로 돌아온 엄마와 아빠는 혹시 에디슨이 집에 있지 않나 하는 생각에 큰 소리로 에디슨을 불렀습니다.

"에디슨, 어디 있니? 있으면 대답 좀 해 보렴."

"여기 헛간에 있어요."

들릴 듯 말 듯 대답하는 에디슨의 목소리를 들은 엄마와 아빠는 헛간으로 달려갔습니다. 헛간에는 에디슨이 싱글벙글하며 거위 알을 품고 있었습니다.

"얘, 도대체 지금 뭐하고 있는 거니?"

"그렇게 떠드시면 새끼거위가 안 나올지도 몰라요. 엄마가 알을 품고 있으면 거위가 나온다고 했잖아요."

엄마는 너무 기가 막혔지만 에디슨을 혼내지는 않았습니다. 그저 엄마가 에디슨을 난 것처럼 거위도 엄마거위가 알을 품고 있어야만 나온다고 설명해 주었습니다.

훗날 에디슨은 축음기와 영사기, 필라멘트 등 우리 생활에 필요한 많은 발명품을 만들었습니다.

작은 궁금증 하나까지도 소홀히하지 않았던 에디슨이 있었기에 오늘날 이런 발명품들이 탄생하게 된 것입니다.

아무리 사소한 것이라도 그냥 지나치지 말고 '왜 그럴까'라는 생각을 한 번만 한다면 다른 사람보다 한 발 앞설 수 있을 것입니다.

17 집중력을 키운다

우등생 재민이의 비밀

현주가 침대 위에 앉아 시계를 보니 10시입니다.

"휴-우."

현주는 한숨이 절로 나왔습니다. 오늘은 학원을 네 군데나 가야 하는 날입니다.

현주는 학원을 많이 다닙니다. 엄마가 공부라면 워낙 극성스럽게 굴기도 하지만 현주도 공부 욕심이 많았습니다.

현주는 학원 외에도 일요일엔 오후 내내 대학생 오빠에게 과외를 받습니다. 일요일에 하는 과외는 친구들도 모릅니다.

"현주야, 빨리 씻어. 엄마가 간식 줄게."

현주가 욕실에서 세수를 하고 나오자 엄마가 우유와 빵을 책상 위에 올려놓으며 한 마디 하십니다.

"오늘 학교에서 배운 거, 복습하고 자라."

현주도 그럴 생각이었지만 엄마 말에 괜히 화가 났습니다.

"알았어! 빨리 나가!"

그리고 나서 현주는 책상 앞에 앉아 빵을 먹으며 책을 펼쳐 들었습니다. 얼마 있으면 중간 고사가 있습니다. 현주는 이번에는 꼭 일등을 하고 말 거라고 다짐하며 늦게까지 공부를 하였습니다.

"야, 재민이가 또 일등이더라."

학교가 끝나고 집으로 돌아가는 길에 이런저런 이야기로 한참을 떠들던 미진이가 불쑥 재민이 이야기를 꺼냈습니다.

"재민이는 참 신기해. 맨날 아이들이랑 어울려 놀기만 하는데 도대체 언제 공부를 하는 거지?"

지연이도 거들었습니다. 이번에도 재민이 때문에 일등을 놓친 현주의 얼굴이 굳어졌습니다.

"누가 아니? 우리 몰래 고액 과외를 하는지?"

가만히 이야기를 듣고 있던 현주가 톡 쏘아붙였습니다. 그러자 미진이와 지연이가 얼른 입을 다물었습니다.

현주는 속이 상했습니다. 대학생 오빠가 시험에 나올 만한 것들을 콕콕 짚어 주어 이번 시험에는 자신이 있었습니다. 그런데 또 재민이가 일등을 한 것입니다.

작년까지만 해도 일등은 줄곧 현주가 맡아놓고 했는데, 재민이와 한 반이 된 뒤로는 한 번도 일등을 해 본 적이 없습니다.

지연이 말대로 재민이는 그렇게 공부를 열심히 하는 아이가 아닙니다. 언제 공부를 하는지 알 수 없을 정도로 쉬는 시간엔 친구들과 장난도 잘 치고 운동장에서 축구도 자주 합니다.

'분명히 고액 과외를 하는 거야.'

재민이가 공부를 잘하는 비결을 현주는 그렇게 결론 내렸습니다. 그렇지 않다면 매일 놀기만 하는 녀석이 늘 일등을 도맡아 할 수는 없을 테니까요.

쉬는 시간에 있었던 일입니다. 재민이는 쉬는 시간이 되자 아이들과 어울려 교실을 휘젓고 다녔습니다. 현주는 그런 재민이가 무척 얄미웠습니다. 친구들 앞에서는 공부를 하지 않는 척하면서 집에 가서는 과외를 받으며 열심히 공부하는 재민이의 모습이 그려졌기 때문입니다.

"조용히 좀 해! 여기가 너희 집 안방이니?"

현주가 큰 소리로 재민이에게 쏘아붙였습니다. 재민이는 현주의 말에 조금 무안했는지 곧 조용해졌습니다. 재민이가 아무 말도 없이 자리에 가 앉자 현주는 조금 미안한 생각이 들기도 했습니다. 하지만 다른 아이들의 눈을 속이고 몰래 공부하는 재민이는 그래도 싸다고 생각했습니다.

어느 날 아침이었습니다. 그 날 따라 일찍 일어난 현주는 아빠 심부름으로 문 밖의 신문을 가지러 나갔습니다. 현주가 막 현관문을 열고 나가자 계단을 내려오던 재민이가 반갑게 인사를 했습니다.

"어! 현주야, 안녕?"

현주는 어안이 벙벙했습니다.

"어? 재민아, 너 우리 아파트에 살아?"

그러자 재민이가 씨익 웃으며 고개를 저었습니다.

"그럼 너 여기서 뭐해?"

현주가 묻자 재민이가 손에 들고 있던 신문 한 뭉치를 들어 보였습니다.

"신문 배달."

재민이가 조금은 창피한 듯 얼굴을 붉히며 말했습니다.

"나 이거 빨리 돌려야 하거든. 그만 가야겠다. 안녕!"

재민이는 인사를 하자마자 신문을 들고 계단 아래로 뛰어갔습니다. 현주는 그런 재민이의 모습을 물끄러미 쳐다보았습니다.

학교로 가는 길에 현주는 별의별 생각이 다 들었습니다. 재민이가 신문을 돌리는 것이 아무래도 이해가 되지 않았습니다.

'도대체 왜 신문을 돌리는 거지? 혹시 집이 어려운가?'

하지만 현주는 이내 고개를 저었습니다. 고액 과외를 받는 재민이가 집안 형편이 어려워 신문을 돌릴 리는 없으니까요.

교실에 도착하니 재민이는 아직 오지 않았습니다. 재민이는 언제나처럼 거의 지각을 몇 분 남겨두고 헐레벌떡 교실로 뛰어들어왔습니다. 현주는 재민이가 왜 매일 그렇게 늦게 왔는지 이제야 알 것 같았습니다. 재민이는 현주와 눈이 마주치자 멋쩍게 웃었습니다.

현주는 재민이가 자꾸 궁금해졌습니다. 왜 신문을 돌리는 건지 너무 궁금해서 직접 물어 보고 싶은 마음이 굴뚝 같았습니다. 하지만 재민이에게 직접 물어 볼 용기는 나지 않았습니다. 그래서 현주는 작년에 재민이네 반이었던 아영이에게 살짝 물어 보았습니다.

"너 몰랐어? 재민인 소년 가장이야."

"정말?"

아영이의 뜻밖의 말에 현주는 너무 놀랐습니다.

아영이는 재민이에 대해 이것저것 말해 주었습니다.

"몇 년 전에 재민이네 아빠 엄마가 교통 사고로 돌아가셨거든. 그래서 재민이는 할머니랑 동생이랑 산대."

아영이의 말을 다 듣고 나자 현주는 재민이가 어떻게 맨날 일등을 하는지 도무지 이해할 수가 없었습니다.

'재민이 머리가 진짜 좋은 건가? 아님 뭔가 다른 아이들하고 다른 점이 있나?'

현주는 며칠 동안 재민이의 행동을 유심히 지켜보기로 했습니다. 재민이를 유심히 관찰한 현주는 다른 아이들과 다른 점을 찾아냈습니다.

평소에는 장난치기 좋아하는 재민이였지만 수업 시간만큼은 딴 사람이 되었습니다. 수업중에 재민이는 선생님만 쳐다보았습니다. 꼭 부처님처럼 앉아서 선생님 말씀을 하나도 놓치지 않고 들었습니다.

사실 재민이가 일등을 하는 비결은 바로 그것이었습니다. 재민이가 학원을 다니지 않고 과외를 받지 않고도 일등을 하는 것은 수업 시간만큼은 집중을 하여 듣기 때문이었던 것입니다.

현주는 재민이를 보고서 과외 따위가 필요 없다는 사실을 알게 되었습니다. 솔직히 말해 현주는 공부 잘하는 대학생 오빠만 믿고 수업중에 딴 생각을 할 때가 가끔 있습니다.

현주는 엄마에게 말해 과외를 그만두기로 했습니다. 그리고 수업중에는 절대로 딴 생각을 하지 않고 선생님 말씀을 집중해 들으려고 노력했습니다.

처음에 과외를 그만둘 때는 걱정이 되기도 했지만 수업을 집중해서 들으니 성적도 올랐습니다. 무엇보다 더 좋은 것은 친구들과 어울릴 수 있는 시간이 늘어났다는 것입니다.

전화를 발명한 과학자 벨

1847~1922 전화 발명자

무선과 전신 공부 쪽에 흥미를 갖고 있던 벨은 '삐이 삐이' 하는 소리 대신 말을 전달할 수 있는 전화기를 발명하기 위해 많은 시간을 보냈습니다. 벨은 연구를 하는 동시에 아버지가 하는 농아 학교에서 학생들에게 수화를 가르쳤습니다.

어느 날이었어요. 벨이 가르치는 농아 학생의 부모가 찾아 왔습니다.

"선생님 덕분에 제 아들이 의사 소통도 하게 되고 성격도 많이 밝아졌습니다."

"저희가 선생님께 보답을 하고 싶은데, 저희 집에서 함께 살면서 전화 연구를 하면 어떠시겠어요?"

벨은 뜻밖의 제안에 놀랐습니다. 그리고 하숙집에서 늘 눈치를 보며 연구하는 것 보단 편한 마음으로 연구에 몰두하는 것이 더 나을 것 같다는 생각이 들었습니다. 그렇게 하여 학생의 집으로 옮기게 된 벨은 그 곳에서 생활하면서 지하실을 연구실로 쓰게 되었습니다.

또 학생의 부모가 전기 공장에 다니는 사람을 벨의 조수로 소개해 주었습니다. 아무 걱정 없이 편하게 연구에 매달리게 된 벨은 학교 수업시간 이외에는 전화 연구에만 집중했습니다.

다른 날과 마찬가지로 한창 연구를 하던 어느 날이었습니다.

앞에 두었던 진동판이 소리를 내며 진동하는 것이었습니다. 벨은 진동판이 연결되어 있는 옆방의 조수에게로 달려갔습니다.

"지금 뭘 한 거지? 방금 수화기가 소리를 내면서 진동했다구."

"저는 진동판이 전자석에 붙어서 안 떨어지기에 손가락으로 진동판을 두드린 것밖에 없어요."

무슨 일인지 영문을 모르겠다는 듯이 조수가 말했습니다.

"그래, 바로 그거야!"

벨은 진동판과 전자석의 연결에 따라 소리를 전류로 바꾸어 전할 수 있다는 것을 알게 되었습니다.

그 날부터 벨은 조수와 함께 또다시 실험에 몰두하였고 여러 번의 시도 끝에 드디어 전화기를 만드는 데 성공했습니다. 한 가지 일에 집중하여 마침내 결실을 맺는 순간이었습니다.

한번 연구를 시작하면 그 일에만 집중했던 벨처럼, 무슨 일을 할 때든 그 일에 집중해서 노력한다면 해 내지 못할 일이 없을 것입니다.

여러분들도 이것저것 생각만 하지 말고 자신이 하고자 하는 일에 최선을 다해 집중해 보세요. 반드시 좋은 결과를 얻을 수 있을 것입니다.

으~ 글짓기는 노우!

병화는 항상 전교 일등을 차지하는 아이입니다. 화진이는 그런 병화와 짝이 되었습니다. 공부만 하는 병화는 늘 제자리에만 앉아 있고 아이들과 잘 어울리지도 않았습니다. 그래서 아이들도, 화진이도 그런 병화에게 선뜻 말을 걸 수가 없었습니다.

중간 고사가 끝나고 며칠 후, 선생님이 조례 시간에 시험지를 가득 들고 교실로 들어왔습니다.

"오늘 시험 결과가 나왔어요. 좋은 소식이 있는데 우리 반에서 전교 일등이 나왔어요."

선생님의 말이 끝나자 아이들이 일제히 함성을 질렀습니다. 하지만 그게 누구인지 모두 알고 있었습니다. 선생님은 아이들에게 차례차례 시험지를 나누어 주었습니다.

병화 차례가 되었습니다.

"박병화, 앞으로 나와요."

병화가 앞으로 나가자 선생님이 한 손으로 병화의 어깨에 손을 얹고 다른 한 손으로는 병화의 시험지를 높이 들었습니다.

"병화는 이번 시험에서 전과목 백점을 맞아 전교 일등을 했어요. 모두 박수 좀 힘차게 쳐 주세요."

병화는 아이들의 박수소리를 들으며 제 자리로 돌아갔습니다.

시험지를 받은 아이들의 얼굴은 하나같이 울상이 되었지만 병화의 얼굴만은 환했습니다. 선생님이 나가자 까불이 명진이가 병화의 시험지를 낚아채서 보더니 말했습니다.

"우와, 너도 사람이냐? 대단하다, 대단해."

그러자 몇몇 아이들이 올 백점인 병화의 시험지를 보려고 모여들었습니다. 화진이도 힐끗 병화의 시험지를 훔쳐보았습니다. 전교 일등인 것도 대단했지만 공부를 어떻게 하면 전과목 백점을 맞을 수 있을지 그저 감탄스러울 뿐이었습니다. 병화의 얼굴에 자랑스러움이 가득했습니다.

어느 글짓기 시간에 있었던 일입니다. 선생님은 앞으로 며칠 남지 않은 '여름 방학' 과 '수박' 중 하나를 골라 글짓기를 하라고 했습니다. 아이들은 두 글감 중 하나를 골라 글을 쓰기 시작했습니다. 그러나 글을 쓰기 싫어하는 몇몇 아이들은 간혹 꾸벅꾸벅 졸기도 하였습니다.

화진이는 '여름 방학' 을 글감으로 골라 작년에 외할머니 댁에 갔던 일을 머리 속에 떠올리며 썼습니다.

"자, 시간 됐어요. 다 썼나요?"

몇몇 아이들은 다 썼다고 했지만 몇몇 아이들은 아직 다 쓰지 못했다며 조금만 시간을 더 달라고 했습니다.

"그럼, 다 쓴 사람부터 발표를 해 보도록 할까요? 누가 먼저 해 볼래요?"

그러나 아이들은 아무도 손을 들지 않았습니다. 선생님이 병화에게 눈길을 돌렸습니다. 아이들이 잘 못 푸는 수학 문제나 어려운 질문은 늘 병화가 대답하곤 했기 때문입니다.

"그럼, 병화가 해 봐라."

순간 병화의 얼굴이 빨개졌습니다. 병화는 머뭇거리며 자리에서 일어서지 못했습니다.

"병화, 뭐해?"

선생님이 놀라 물었습니다.

"아직 다 못 썼는데……."

병화가 머뭇머뭇 대답했습니다.

"병화가 못하는 것도 있네. 오늘 글감이 너무 어려웠나요?"

선생님은 병화가 글짓기를 다 하지 못했다는 소리에 조금 놀라는 눈치였습니다. 그건 화진이도 마찬가지였습니다.

화진이가 병화의 공책을 살짝 훔쳐보니 병화가 쓴 글은 채 다섯 줄도 되지 않았습니다.

"그럼 누구 발표해 볼 사람?"

얼마 후, 머뭇거리던 아이들이 한두 명씩 일어나 각자의 글을 발표하기 시작했습니다. 어떤 아이의 글은 너무 재미있어서 아이들은 배꼽을 잡고 웃기도 했습니다. 그러나

병화는 글짓기 시간이 끝날 때까지 고개를 푹 숙이고 있었습니다.

드디어 기다리고 기다리던 여름 방학이 시작되었습니다. 화진이는 엄마의 성화에 못 이겨 '글쓰기 교실' 학원에 다니게 되었습니다. 대학 입학 시험에 논술이 많은 부분을 차지한다고 성화라 어쩔 수 없이 학원에 다니게 된 것입니다.

학원 가는 첫날, 화진이는 재미있는 만화 영화를 보느라 수업 시간에 늦고 말았습니다. 화진이는 부랴부랴 가방을 챙겨 학원으로 뛰어갔습니다.

간신히 반을 찾아 막 들어가려고 하는데 낯익은 얼굴이 보였습니다. 바로 병화였습니다. 화진이는 반가운 마음에 아는 척을 하려고 했습니다. 그 때 화난 선생님 목소리가 들렸습니다.

"병화 너 또 안 써 왔어? 넌 학교에서 공부도 잘한다면서 왜 이 숙제는 안 해 오는 거니?"

선생님의 말에 병화는 말없이 고개를 숙였습니다. 병화는 귀까지 빨개졌습니다.

"안 되겠다. 병화 너는 오늘 남아서 선생님하고 따로 하자."

화진이는 놀랄 수밖에 없었습니다. 전교 일등을 하는 병화가 숙제를 안 해 온다는 건 있을 수 없는 일이었습니다.

하지만 그 후로도 병화는 자주 선생님에게 꾸지람을 들었습니다. 선생님이 글짓기 숙제를 내 주면 제대로 해 오는 날이 없었기 때문입니다.

병화는 글쓰기 선생님한테 따로 지도를 받기도 했습니다. 화진이는 병화의 그런 모습이 너무 낯설게 느껴졌습니다. 병화는 언제나 공부 잘하는 아이로만 알고 있었거든요.

"다녀왔습니다."

글쓰기 학원에서 돌아온 병화가 풀이 죽은 목소리로 말했습니다.

"그래, 수업은 잘 듣고? 빨리 씻어라, 밥 먹게."

엄마가 상을 차리며 말했습니다.

"됐어요, 별로 먹고 싶지 않아요."

병화는 힘없이 대답하고 방으로 들어와 책상 앞에 앉았습니다.

오늘도 글쓰기 시간에 선생님에게 야단을 들었습니다. 병화는 학원 가방에서 공책을 꺼내 폈습니다.

〈심부름〉

오늘의 숙제였습니다. 선생님은 공책 두 쪽 분량으로 심부름에 관해 글을 써 오라고 했습니다.

"어떻게 두 쪽을 채운담?"

병화는 벌써부터 머리가 아파오는 것 같았습니다. 사실 병화는 숙제를 안 해 오는 게 아니라 못해 가는 거였습니다.

수학 문제 푸는 것은 자신이 있습니다. 암기하는 것도 자신이 있습니다. 그렇지만 글짓기는 아무리 애를 써도 공책 한 장 채우기가 어려웠습니다.

병화는 선생님이 글감을 주면 척척 써내는 친구들이 너무 부러웠습니다. 전교 일등만 하는 자기가 그런 것도 못하는 게 자존심 상하기도 했습니다. 그래서 엄마를 졸라 글쓰기 학원에 다녔던 것입니다.

그러나 아무리 수업 시간에 선생님 말씀을 잘 들어도 글짓기 실력은 도무지 늘지 않았습니다. 병화는 밤마다 밥도 먹지 않고 책상 앞에 앉아서 글쓰기 선생님이 내 준 숙제를 하느라 진땀을 빼고 있었습니다.

신대륙을 발견한 탐험가 콜럼버스

1451~1506 이탈리아의 탐험가

옛날 대부분의 사람들이 지구는 네모난 모양이라고 생각할 때, 이탈리아에서 태어난 탐험가 콜럼버스는 지구는 둥글다고 주장하는 학자들의 말을 믿었습니다.

지구 반대쪽에는 말로만 듣던 인디아나 아시아가 있을 것이라고 생각한 콜럼버스는 혼자 상상의 날개를 펼쳤습니다.

포르투갈로 이사한 콜럼버스는 늘 지도를 그려가며 바다 저 건너편에 있을 땅을 떠올렸습니다. 그 무렵, 포르투갈 해안에 이상하게 생긴 통나무와 기다란 장대, 그리고 동양 사람과 비슷하게 생긴 어부의 시체가 떠밀려 왔습니다.

콜럼버스뿐 아니라 많은 사람들이 인디아가 여기서 그리 멀지 않다고 생각하게 되었습니다. 콜럼버스는 더 이상 머리 속으로 상상만 하고 있을 수 없었습니다.

"그래, 인디아로 가는 항로를 개척해야겠어."

콜럼버스는 포르투갈 왕에게 직접 그린 지도를 보여 주며 인디아로 떠날 수 있도록 도와 달라고 했지만 계속 거절당했습니다. 콜럼버스는 포기하지 않고 이번에는 에스파냐 왕에게 도움을 청했습니다.

간신히 왕에게서 배 세 척을 얻게 된 콜럼버스는 선원들과 함께 새로운 땅을 찾아 나섰습니다.

육지를 떠나 서쪽으로 항해를 한 지 두 달이 지났을 무렵입니다. 그토록 기다리던 육지가 저 멀리 보이기 시작했습니다.

"드디어… 드디어 찾았다. 바로 저기였어."

콜럼버스는 선원들과 얼싸안고 기뻐했습니다.

마침내 그 동안 아무도 밟지 않았던 아메리카 대륙에 딸린 섬에 배가 다다랐습니다. 그 당시 콜럼버스는 그 곳이 인디아라고 믿고 있었기 때문에, 지금도 그 섬은 서인도 라고 불리고 있습니다.

그 후 콜럼버스는 세 번이나 더 자신이 찾은 대륙을 찾았지만 죽을 때까지도 그 곳이 인디아인 줄 알고 있었습니다.

콜럼버스가 죽고 난 후 아메리고 베스푸치라는 탐험가가 그 땅이 인디아가 아닌 새로운 대륙이라는 것을 밝혔고, 그 후 그 사람의 이름을 따서 콜럼버스가 발견한 대륙을 아메리카라고 부르게 되었습니다.

남들은 헛된 일이라고 생각했던 신대륙의 발견은 콜럼버스의 상상력이 있었기에 가능했습니다. 여러분들도 자신만의 상상의 나래를 마음껏 펼쳐 보세요. 자신도 모르는 사이에 미처 생각하지 못했던 새로운 것들이 떠오를 수 있으니까요.

나라고 못하란 법 없지. 한다면 한다!

오늘은 글짓기 시간이 있는 날입니다. 셋째 시간이 시작되었음을 알리는 음악이 끝나자 선생님이 들어오셨습니다. 글을 쓰기 싫어하는 몇몇 남자아이들의 얼굴은 벌써부터 울상이 되었습니다.

선생님은 그런 아이들의 마음을 아는지 모르는지 빙그레 웃으며 말했습니다.

"여러분이 좋아하는 글짓기 시간이에요."

그러자 아이들은 일제히 신음소리를 냈습니다. 선생님이 아이들을 보며 살짝 웃더니 칠판에 '나의 꿈'이라고 썼습니다.

"오늘은 나의 꿈에 대해 써 보기로 해요. 자, 지금부터 30분 후에 자신이 쓴 것을 발표하는 시간을 갖도록 하겠어요."

선생님의 말이 끝나자 아이들은 모두 각자의 꿈을 공책에 적어 나가기 시작했습니다.

교실 안은 금세 조용해졌습니다.

"자, 시간 다 됐어요. 이제부터 자기의 꿈을 친구들에게 발표하도록 합시다. 누가 먼저 해 볼까요?"

그러나 아이들은 누구도 선뜻 손을 들지 않았습니다. 그 때 현창이가 손을 번쩍 들었습니다. 아이들은 일제히 현창이를 쳐다보았습니다.

"그래, 현창이가 먼저 발표해 볼까?"

현창이는 자리에서 일어나 공책에 쓴 글을 읽어나갔습니다. 현창이가 자기의 꿈을 발표하는 동안 아이들이 여기저기서 쿡쿡 거렸습니다. 현창이의 꿈이 너무 거창했기 때문입니다.

현창이의 발표가 끝나자 선생님이 말했습니다.

"우리 현창이 꿈은 대단한데요? 장차 우리 나라의 대통령이 되겠다고 하니 말이에요. 우리 모두 현창이한테 잘 보여야겠는데요?"

선생님 말이 끝나자 아이들이 까르르 웃어댔습니다.

"왜들 웃는 거죠? 현창이가 대통령이 되지 말라는 법이 있나요? 그건 아무도 모르는 거예요. 나중에 정말 현창이가 대통령이 되면 어떡하려고 그래요?"

선생님은 깔깔대는 아이들에게 따끔하게 한 마디 했습니다. 그제야 아이들이 웃음을 그쳤습니다.

"선생님은 현창이가 그 꿈을 꼭 이루길 바래요."

선생님이 현창이를 보며 웃자 현창이는 머리를 긁적이며 씨익 웃었습니다.

길었던 글짓기 시간은 끝이 났습니다. 그와 동시에 아이들은 현창이의 꿈이 대통령이라는 것을 금세 잊어버렸습니다. 왜냐하면 현창이는 정말 평범한 아이였기 때문입니다. 다른 아이들보다 조금 명랑하고 발표 잘하는 것 빼면 특별한 것이 없습니다.

어느 조례 시간이었습니다. 선생님은 출석을 체크하고 나서 전교 회장 선거가 있으니 출마하고 싶은 사람이 있는지 물었습니다.

아이들은 당연히 반장 진만이가 나가리라 생각했습니다. 하지만 정작 손을 든 사람은 진만이가 아니라 현창이였습니다.

아이들도 선생님도 모두 놀랐습니다. 현창이가 손을 들리라고는 아무도 생각하지 못했으니까요. 하지만 현창이의 얼굴은 무척 진지했습니다. 결국 전교 회장 후보로 현창이가 나가게 되었습니다.

대부분의 아이들이 현창이가 회장 후보로 나가는 것을 좋게 생각하지 않았습니다.

"야, 현창이가 회장 선거에 나간다니 우리 반의 수치 아니냐?"

"당근이지. 이번 회장 후보들이 얼마나 쟁쟁한데? 4반 환주는 전교 1등이지, 8반 아진이는 아빠가 선박 회사 사장이래잖아. 저번에 학교 강당도 아진이네 아빠가 후원한 걸로 지은 거래."

"그러게 말이야. 도대체 현창이는 뭘 믿고 저러는 거지?"

며칠 후부터 본격적으로 선거 유세가 시작되었습니다. 회장 후보 아이들은 각각 독특한 방법으로 유세를 하기 시작했습니다. 물론 현창이도 유세를 하고 다녔습니다.

다른 회장 후보들이 선거 활동을 하면 반 아이들이 우르르 몰려다녔는데, 현창이 옆에는 친구 두 명과 반장 진만이뿐이었습니다. 그나마 반장은 선생님이 현창이를 도와 주라고 부탁해서 같이 다니는 것이었습니다. 그러나 현창이는 조금도 기죽지 않았습니다.

현창이는 점심 시간이나 쉬는 시간을 이용해서 열심히 연설을 하러 다녔습니다. 현창이의 목소리가 어찌나 우렁찼던지 다른 반 아이들이 지나가다가 기웃거리기도 했습니다.

반 아이들은 그런 현창이를 보고 놀라지 않을 수 없었습니다. 현창이가 명랑한 아이인 줄은 알고 있었지만 어디서 저런 용기가 나오는지 그저 놀랍기만 했습니다.

현창이는 자기를 도와 주는 친구들과 학교 쓰레기를 줍기도 하고 하교 길에 집에 가는 아이들에게 일일이 인사를 건네기도 했습니다.

현창이는 정말 열심이었습니다. 옆에서 현창이를 도와 주는 친구들 까지 감탄할 정도였으니까요. 그런 현창이의 모습은 반 아이들의 생각을 조금씩 바꾸기 시작했습니다. 아이들은 한두 명씩 현창이의 선거 유세에 관심을 가지기 시작했습니다.

현창이와 몇몇 아이들이 수업이 끝나고 남아서 회의를 하고 있는데 명지를 비롯한 여자아이들이 다가왔습니다.

"우리가 팸플릿 만드는 거 도와 줄게."

명지의 말에 현창이의 얼굴이 환해졌습니다.

"정말? 너무 고맙다."

현창이를 도와 주던 친구들의 얼굴도 덩달아 환해졌습니다. 명지와 여자아이들은 현창이의 선거 팸플릿을 정성스럽게 만들어 주었습니다.

하루하루가 지날수록 현창이를 도와 주는 친구들이 많아졌습니다. 반 아이들은 수업 시간 중에 따로 시간을 마련하여 현창이의 연설을 듣고 고칠 부분이 있으면 얘기해 주기도 했어요.

그리고 현창이가 등교 시간이나 하교 시간에 학교 정문에서 선거 활동을 하는 것도 돌아가면서 도와 주었습니다.

드디어 투표날이 되었습니다. 현창이네 반 아이들은 모두 현창이가 회장이 되었으면 하고 바랐습니다. 처음엔 모두들 현창이를 비웃었지만, 지금은 현창이가 회장 후보들 중 가장 의젓해 보였습니다. 선거 활동을 열심히 하는 모습을 보니 현창이가 회장이 된다면 아주 잘할 것도 같았습니다.

투표가 끝난 다음 날 선거 결과가 발표되었습니다. 현창이는 회장 선거에서 떨어졌습니다. 현창이도, 반 아이들도 무척 실망했습니다. 조례 시간이었습니다. 선생님께서는 현창이를 앞으로 부르셨습니다.

"이번에 우리 현창이 선거 활동을 참 열심히 했는데… 그래도 열심히 했으니까 후회는 없을 거예요. 모두 현창이를 위해서 박수 좀 쳐 주세요. 현창이, 친구들한테 할 말 있다며?"

교탁 앞으로 나간 현창이는 반 아이들에게 도와 줘서 고맙다고 말했습니다. 그리고 미안하다는 말도 했습니다.

비록 현창이는 선거에서 떨어졌지만 현창이를 비웃거나 하는 친구는 한 명도 없었습니다. 현창이가 전과는 아주 달라 보였습니다. 아이들은 현창이가 나중에 정말 대통령이 되지 않을까 하는 생각까지 하게 되었습니다.

꿈을 위한 도전, 비행기를 발명한 라이트 형제

미국의 비행기 제작자 형제

라이트 형제는 아버지에게 고무줄을 당기면 하늘로 퉁겨져 올라가는 모형 헬리콥터를 선물로 받았습니다.

헬리콥터를 날리며 놀던 라이트 형제는 자신들이 직접 하늘을 날고 싶어졌습니다.

"우리가 직접 하늘을 날아 보는 게 어때?"

"맞아! 형이랑 둘이 연구하면 우리 꿈을 이룰 수 있을 거야!"

라이트 형제는 그 당시만 해도 다른 사람이 들으면 말도 안 된다고 비웃을 만한 얘기를 주고받았습니다.

그 후 형제는 당시 미국에서 한창 유행하던 자전거 가게를 차리고 가게에서 번 돈으로 자신들의 꿈을 이루기 위한 실험을 시작했습니다. 제일 먼저 쌍날개 모양의 연을 만들어 보고 뒤이어 글라이더를 만들었습니다.

미국 기상대는 실험에 적당한 장소를 소개해 주었고 마침내 1900년, 사람이 탄 글라이더 실험에 성공했습니다. 1903년에는 동력 장치를 단 플라이어 호를 만들어 하늘을 나는 데 성공하였습니다.

뿐만 아니라 사흘 후 오빌 라이트는 플라이어 호를 타고 하늘로 떠올랐습니다. 12초 동안 36미터를 날다 떨어졌지만 라이트 형제는 기뻤습니다.

그러나 뜻밖에도 동력 장치를 단 비행은 커다란 뉴스거리가 되지 못했습니다. 왜냐하면 라이트 형제의 비행 실험이 있기 9일 전 미국의 육군 랭글러가 가솔린 엔진이 달린 비행 실험을 했기 때문입니다.

랭글러의 비행 실험이 실패로 끝났기 때문에 사람들은 비행기가 난다는 것을 믿지 않고 있었습니다.

라이트 형제는 한참을 고심했습니다.

"바람 없이 날 수 있는 비행기를 만들면 우릴 인정해 주겠지."

"맞아, 우리 꿈을 이루기 위해서 다시 한 번 도전해 보자구."

그 날부터 라이트 형제는 또다시 연구에 몰두하였고, 마침내 바람 없이 날 수 있는 비행기를 만드는 데 성공했습니다. 그제야 전 세계 사람들이 라이트 형제가 만든 비행기를 인정하게 되었습니다.

모든 사람들에게 하늘을 나는 일은 꿈 같은 일이었지만 그 꿈을 실현시키기 위해 노력한 라이트 형제가 있었기에 오늘날 세계 곳곳을 편안히 다닐 수 있는 것입니다.

여러분들도 자신의 앞날에 대해 멋진 꿈을 가져 보세요. 꿈을 이루기 위해 노력해 나간다면 꿈은 그리 먼 곳에 있는 것만은 아니니까요. 꿈은 이루어집니다~.

뚱보와 말라깽이

선경이는 오늘도 양호실에 누워 있습니다. 아까 체육 시간 때 쓰러졌기 때문입니다. 선경이가 교실로 돌아오니 마침 쉬는 시간이었습니다.

몇몇 아이들이 선경이 뒤에서 이렇게 수군거렸습니다.

"쟤, 꾀병 아니야? 어쩜 체육 시간마다 쓰러지니?"

"그러게 말이야. 쓰러지기만 해? 배 아프다고 양호실에 누워 있기 일쑤잖아."

선경이는 화가 났지만 지금은 말할 힘조차 없었습니다.

사실 선경이는 마른 편이 아닙니다. 오히려 그 반대입니다. 통통한 팔과 다리는 꼭 잘 부푼 식빵 같습니다. 얼굴도 뽀얗고 살이 쪄서 무척 건강해 보입니다. 하지만 선경이는 걸핏하면 다리에 힘이 빠지고 위가 쓰립니다. 조금만 뛰어도 숨이 차고 힘이 듭니다.

학교에서 돌아오는 길에 선경이는 햄버거와 감자튀김을 샀습니다. 그리고 콜라도 1.5리터짜리 한 병을 샀습니다. 선경이는 집에 들어서자마자 커다란 컵에 콜라를 한가득 따르고 햄버거를 우적우적 먹었습니다. 마침 그 때 외출하셨던 엄마가 돌아왔습니다.

"아니, 너 또 햄버거 사왔니? 엄마가 햄버거 만들어놓았잖아. 냉장고에 있는 거 전자레인지에 데우기만 하면 되는데 왜 인스턴트를 먹어?"

"힘 없어. 말시키지 마."

"그리고 콜라로 배 채울 거야? 무슨 콜라를 이렇게 많이 마셔. 이런 거만 먹으니까 살만 찌고 속이 탈나지. 그리고 지금 이거 먹으면 저녁은 언제 먹어. 또 오밤중에 라면 끓여먹으려고? 규칙적으로 식사하는 게 얼마나 중요한데 그래."

"어휴, 시끄러워. 진짜 짜증나 죽겠어."

선경이는 잔뜩 인상을 쓰고 먹고 있던 햄버거를 툭 내던지듯 내려놓았습니다.

"어머, 애 좀 봐. 너 엄마한테 무슨 버릇이야?"

"엄마는 왜 나만 가지고 그래!"

다음 날, 학교 급식 시간이었습니다. 선경이는 밥에 든 콩은 다 골라놓고 김치와 멸치볶음엔 손도 대지 않았습니다. 그나마 밥도 반도 채 안 먹고 수저를 놓았습니다. 그리고 과자를 꺼내 먹었습니다. 같이 먹던 유진이가 김치를 맛나게 먹으며 말했습니다.

"어? 밥은 반도 안 먹고 과자를 먹어?"

"밥보다 맛있잖아. 난 몸이 약해서 밥맛이 없기 때문에 맛있는 거만 먹어야 해."

"그래도 밥을 먹어야지. 우리 엄마가 그러는데 우리처럼 한참 자랄 나이엔 밥도 잘 먹고 편식하면 안 된대. 그러니까 어서 더 먹어."

"어휴, 정말 짜증나. 내가 안 먹겠다는데 네가 무슨 상관이야. 그래, 너 잘났다."

선경이는 팽 토라졌습니다. 다른 건 몰라도 누가 먹는 것에 대해 이러쿵저러쿵 하면 선경이는 심하게 짜증을 냅니다.

그에 반해 유진이는 선경이와 반대입니다. 좀 말라보이지만 건강합니다. 건강해서 늘 웃고 힘차 보입니다. 그래서인지 친구들에게도 인기가 많습니다. 사실 선경이도 살만 찌고 몸은 약골인 자신이 싫습니다. 그래서 선경이는 은근히 유진이가 부러웠습니다.

유진아, 도대체 비결이 뭐니?

수업이 끝날 때쯤 유진이가 선경이에게 말했습니다.

"선경아, 아직도 화났어? 미안해. 있지, 오늘 우리집에 가서 숙제할래?"

선경이도 갑자기 화를 내서 미안했던 터라 유진이 말에 선뜻 그러자고 했습니다.

유진이와 함께 걷는 선경이 손에는 빨간 떡꼬치가 쥐어져 있습니다. 선경이가 떨어지는 빨간 양념을 핥으며 유진이에게 물었습니다.

"난 네가 부럽다. 날씬하고 건강하고. 도대체 비결이 뭐니?"

선경이 말에 유진이가 웃으며 대답했습니다.

"그냥 뭐든 잘 먹어. 편식 안 하고 군것질도 안 하고."

"휴우~. 건강하니까 밥맛도 좋겠지. 난 밥도 잘 안 먹는데 왜 살이 찌나 몰라."

"그렇게 군것질을 하니까 그렇지. 우리 이모가 그러시는데 끼니만 제 때 잘 먹으면 살 안 찐대. 그러니까 너도……."

유진이 말에 선경이가 도리질을 하며 귀찮은 듯이 내뱉었습니다.

"아, 됐어 됐어. 그래, 너 날씬하고 예뻐."

유진이는 기분이 상했지만 선경이랑 또 싸울까 봐 그냥 참았습니다. 유진이 집에는 아무도 없었습니다. 책가방을 내려놓고 냉장고 문을 열며 유진이가 말했습니다.

"엄마도 직장에 나가셔서 내가 간식을 꺼내 먹어야 해. 배고프지?"

"좀 허전하기는 하다. 그냥 간단하게 컵라면 같은 거 먹자."

"엉? 우리 집엔 라면 없는데. 사다 놓으면 먹게 된다고 엄마가 안 사다 두셔."

유진이 말에 선경이가 어이없다는 듯이 말했습니다.

"어쩜 집에 라면이 없을 수 있니? 그러면 냉동 피자나 돈가스 같은 거 데워 먹자."

"우리 집엔 그런 거 없어. 웬만한 건 엄마가 만들어 주시거든."

"냉동 피자가 얼마나 간편한데. 그냥 전자레인지에 넣고 돌리면 금방 뜨끈뜨끈한

피자가 완성되는 걸."

"그래? 그래도 인스턴트 식품에는 방부제도 들어 있고 색소도 들어 있잖아. 별로 먹고 싶지 않아. 아, 여기 있다."

유진이는 냉장고에서 파란 뚜껑이 덮인 그릇 두 개를 꺼냈습니다. 샌드위치와 과일이었습니다. 유진이는 유리 컵 두 개에 우유를 따르고 접시에 샌드위치도 담았습니다.

"자, 우리 엄마가 만든 거야. 먹자. 아, 배고파."

유진이는 덥석 샌드위치를 먹었습니다. 하지만 선경이는 샌드위치를 한 입 베어 먹더니 조금 떨떠름한 표정을 지었습니다.

"왜, 맛없어? 그러면 과일 먹을래?"

유진이가 조심스럽게 묻자 선경이가 말했습니다.

"난 과일이나 야채 같은 거 별로 안 좋아해. 그리고 샌드위치 맛이 좀 밍밍하다. 너, 편의점에서 파는 샌드위치 먹어 봤어? 달짝지근한 게 얼마나 맛있는데."

선경이는 입맛을 다시며 말했습니다.

유진이가 조심스럽게 말했습니다.

"선경이 너, 그렇게 냉동 식품만 먹으면 몸에 안 좋아. 그리고 몸뿐만 아니라 성격도 음식 따라간대. 지난 번에 신문에서 보니까 인스턴트 음식만 먹는 사람은 성격도 급하고 짜증도 많고……."

180

"너, 웃긴다. 어휴, 먹는 거 갖고 이러쿵저러쿵 말 많은 사람 진짜 짜증나."

선경이가 또 짜증을 내자 유진이도 화가 나 제법 큰 소리로 말했습니다.

"진짜 웃긴 건 너야. 기껏 너 위해서 말해 주는데 왜 짜증 내니? 인스턴트 식품만 먹으면서 어떻게 건강하길 바래? 살만 찌지."

"그래, 너 잘났다. 나 갈래."

선경이는 먹던 샌드위치를 내려놓고 가방을 휙 둘러멨습니다.

집으로 오는 길에 편의점에 들러 컵라면을 먹으려던 선경이는 톡 하고 젓가락을 내려 놓았습니다.

"아, 짜증나. 오늘 하루 종일 왜 이러지? 정말 유진이 말대로 내가 먹는 것 때문에 그런 건가?"

선경이는 한숨을 푹 쉬었습니다.

자연에서 사랑을 키운, 고아의 아버지 **페스탈로치**

1746~1827 스위스의 교육자

스위스의 어느 빈민굴 지저분한 거리에서 헤진 옷을 입은 아이들이 뛰어 놀고 있었습니다.

그런데 그 옆에서 어느 노인이 땅바닥에서 무언가를 계속 주머니에 주워 넣는 것이었습니다. 그 모습을 의심스럽게 지켜보던 경찰이 노인에게 물었습니다.

"지금 주머니에 뭘 넣으셨죠? 좀 보여 주십시오."

"별것 아닙니다."

노인이 멋쩍은 듯이 말하자 더욱 의심이 난 경찰은 억지로 노인의 주머니를 뒤졌습니다. 노인의 주머니에서 나온 것은 놀랍게도 유리 조각이었습니다. 노인은 빙그레 웃으며 말했습니다.

"아이들이 맨발로 뛰어노는데 혹시 다칠까 봐요."

경찰은 얼굴이 빨갛게 달아올라 노인에게 사과했습니다.

그 노인이 바로 '고아의 아버지'라 불리는 교육자 페스탈로치였습니다. 페스탈로치는 어려서부터 몸이 약한 편이었습니다. 몸이 약한 데다가 일찍 아버지를 여의고 홀어머니 밑에서 자라 무슨 일에나 자신감이 없었습니다.

페스탈로치의 할아버지는 그런 손자를 데리고 들로 산으로 데리고 다녔습니다. 개울을 뛰어넘기도 하고 언덕을 달리기도 했습니다.

그렇게 운동을 하고 집에 돌아와 먹는 밥은 꿀맛이었습니다. 집에만 있을 때는 먹는 둥 마는 둥 하던 페스탈로치도 어느 새 뭐든 잘 먹고 튼튼해졌습니다.

　몰라볼 정도로 건강해진 페스탈로치는 가난한 사람들을 위로하고 병든 사람들을 돌보는 할아버지를 따라다녔습니다.

　그리고 가난한 아이들을 모아 즐거운 학교를 만들겠다는 꿈을 가슴에 키워 갔습니다. 훗날 페스탈로치는 자신의 꿈처럼 자선 학원을 열어 가난한 아이와 고아들에게 공부를 가르치며 일생을 바쳤습니다.

1판 1쇄 인쇄 | 2018년 01월 20일

감수 | 박의수(서울보광초등학교 교사)
글 | 해바라기
그림 | 김영곤

펴낸곳 | 브라운힐
펴낸이 | 윤옥임
마케팅 | 김동선, 손홍석
편집 | 정난영, 김은태, 김신정

발행처 | 브라운힐
주소 | 서울시 마포구 신수동 219번지
대표전화 (02)713-6523, 팩스 (02)3272-9702
등록 제 10-2428호